재미있게 한눈에 보는
공룡도감

초판 인쇄 2023년 6월 15일
초판 발행 2023년 6월 25일

지은이 씨엘
펴낸이 진수진
펴낸곳 에듀버스

주소 경기도 고양시 일산서구 대산로 53
출판등록 2013년 5월 30일 제2013-000078호
전화 031-911-3416
팩스 031-911-3417
전자우편 meko7@paran.com

* 본 도서는 무단 복제 및 전재를 법으로 금합니다.
* 가격은 표지 뒷면에 표기되어 있습니다.

공룡도감

재미있게 한눈에 보는

글·그림 **씨엘**

차례

01. 알리오라무스 · 6
02. 코엘루루스 · 8
03. 시노사우롭테릭스 · 10
04. 오르니토미무스 · 12
05. 수코미무스 · 14
06. 코엘로피시스 · 16
07. 디메트로돈 · 18
08. 데이노케이루스 · 20
09. 오르니톨레스테스 · 22
10. 에오랍토르 · 24
11. 데이노니쿠스 · 26
12. 고르고사우루스 · 28
13. 슈부이아 · 30
14. 스피노사우루스 · 32
15. 헤레라사우루스 · 34
16. 알로사우루스 · 36
17. 오비랍토르 · 38
18. 티라노사우루스 · 40
19. 딜로포사우루스 · 42
20. 칸 · 44
21. 크리올로포사우루스 · 46
22. 엘라프로사우루스 · 48
23. 신랍토르 · 50
24. 벨로키랍토르 · 52
25. 카르카로돈토사우루스 · 54
26. 사우롤로푸스 · 56
27. 친타오사우루스 · 58
28. 무타부라사우루스 · 60
29. 갈리미무스 · 62
30. 이구아노돈 · 64
31. 니게르사우루스 · 66
32. 센트로사우루스 · 68
33. 하드로사우루스 · 70
34. 미크로케라투스 · 72
35. 스테고사우루스 · 74
36. 코리토사우루스 · 76
37. 오우라노사우루스 · 78
38. 람베오사우루스 · 80
39. 브라키오사우루스 · 82
40. 트리케라톱스 · 84
41. 파라사우롤로푸스 · 86
42. 헤테로돈토사우루스 · 88
43. 파키케팔로사우루스 · 90
44. 에이니오사우루스 · 92
45. 에드몬토니아 · 94
46. 조바리아 · 96
47. 네도케라톱스 · 98
48. 스티라코사우루스 · 100
49. 안킬로사우루스 · 102
50. 미크로파키케팔로사우루스
51. 펠로네우스테스 · 106
52. 오프탈모사우루스 · 108

53. 글로비덴스 · 110	66. 크로노사우루스 · 136	79. 케아라닥틸루스 · 162	92. 트로페오그나투스 · 188
54. 무라에노사우루스 · 112	67. 프로가노켈리스 · 138	80. 안항구에라 · 164	93. 이크티오르니스 · 190
55. 스테노프테리기우스 · 114	68. 클리다스테스 · 140	81. 도리그나투스 · 166	94. 타페자라 · 192
56. 틸로사우루스 · 116	69. 케레시오사우루스 · 142	82. 캄필로그나토이데스 · 168	95. 시조새 · 194
57. 엘라스모사우루스 · 118	70. 심보스폰딜루스 · 144	83. 안키오리니스 헉슬리 · 170	96. 아누로그나투스 · 196
58. 믹소사우루스 · 120	71. 마크로플라타 · 146	84. 닉토사우루스 · 172	97. 에우디모르포돈 · 198
59. 쇼니사우루스 · 122	72. 메트리오린쿠스 · 148	85. 디모르포돈 · 174	98. 프테로닥틸루스 · 200
60. 이크티오사우루스 · 124	73. 리오플레우로돈 · 150	86. 소르데스 · 176	99. 프레온닥틸루스 · 202
61. 노토사우루스 · 126	74. 히보두스 · 152	87. 케찰코아틀루스 · 178	100. 중가립테루스 · 204
62. 크리프토클리두스 · 128	75. 에키오케라스 · 154	88. 프테로다우스트로 · 180	
63. 아르켈론 · 130	76. 프테라노돈 · 156	89. 람포린쿠스 · 182	
64. 플레시오사우루스 · 132	77. 유디모르포돈 · 158	90. 게르마노닥틸루스 · 184	
65. 모사사우루스 · 134	78. 오르니토데스무스 · 160	91. 탈라소드로메우스 · 186	

알리오라무스

Alioramus

티라노사우루스과(Tyrannosauridae)의 육식공룡입니다. 그러나 상대적으로 몸집이 크지 않으며 두개골이 가늘고 기다란 형태라 턱의 힘이 아주 강했다고는 말할 수 없습니다. 그런 겉모습에도 성질만은 여느 티라노사우루스과 못지않게 포악했지요. 그럼 알리오라무스의 두개 골은 어느 정도 크기였을까요? 지금까지의 연구 결과에 따르면, 이 육식공룡은 길이 약 45센티미터 정도의 두개골을 가졌던 것으로 밝혀졌습니다. 게다가 그 폭이 넓지 않아, 일반적으로 주둥이가 뭉툭하고 널따란 다른 티라노사우루스과에 비해 씹는 힘이 약했지요. 하지만 나름대로 날카로운 이빨과 강력한 꼬리 힘을 이용해 상대를 제압했습니다. 또한 꼬리는 튼튼한 2개의 뒷다리로 달려갈 때 몸의 균형을 잡아주는 역할도 했지요. 알리오라무스는 중생대 백악기 후기에 서식했고, 몽골에서 화석이 발견되었습니다. 몸길이 5~6미터에 몸무게는 500~600킬로그램쯤 되었지요. 그 밖에 알리오라무스의 몸에서 눈에 띄는 또 다른 특징은 눈과 콧구멍 사이에 난 6개 정도의 뼈 돌기입니다. 이것은 얼핏 닭 볏처럼 보이기도 하는데, 모두 1센티미터가 넘는 뾰족한 형태였습니다. 일부 공룡 연구자들은 이와 같은 뼈 돌기가 수컷에게만 있었을 것이라고 주장하지요. 알리오라무스의 이름은 '특별한 다리' 라는 뜻으로 붙여졌습니다.

분류 동물계 〉 용반목 〉 수각류	**살았던 시대** 중생대 백악기 후기	**크기** 몸길이 5~6미터, 몸무게 500~600킬로그램
이름의 뜻 특별한 다리	**먹이** 용각류, 곡룡류, 후두류 등 육식	

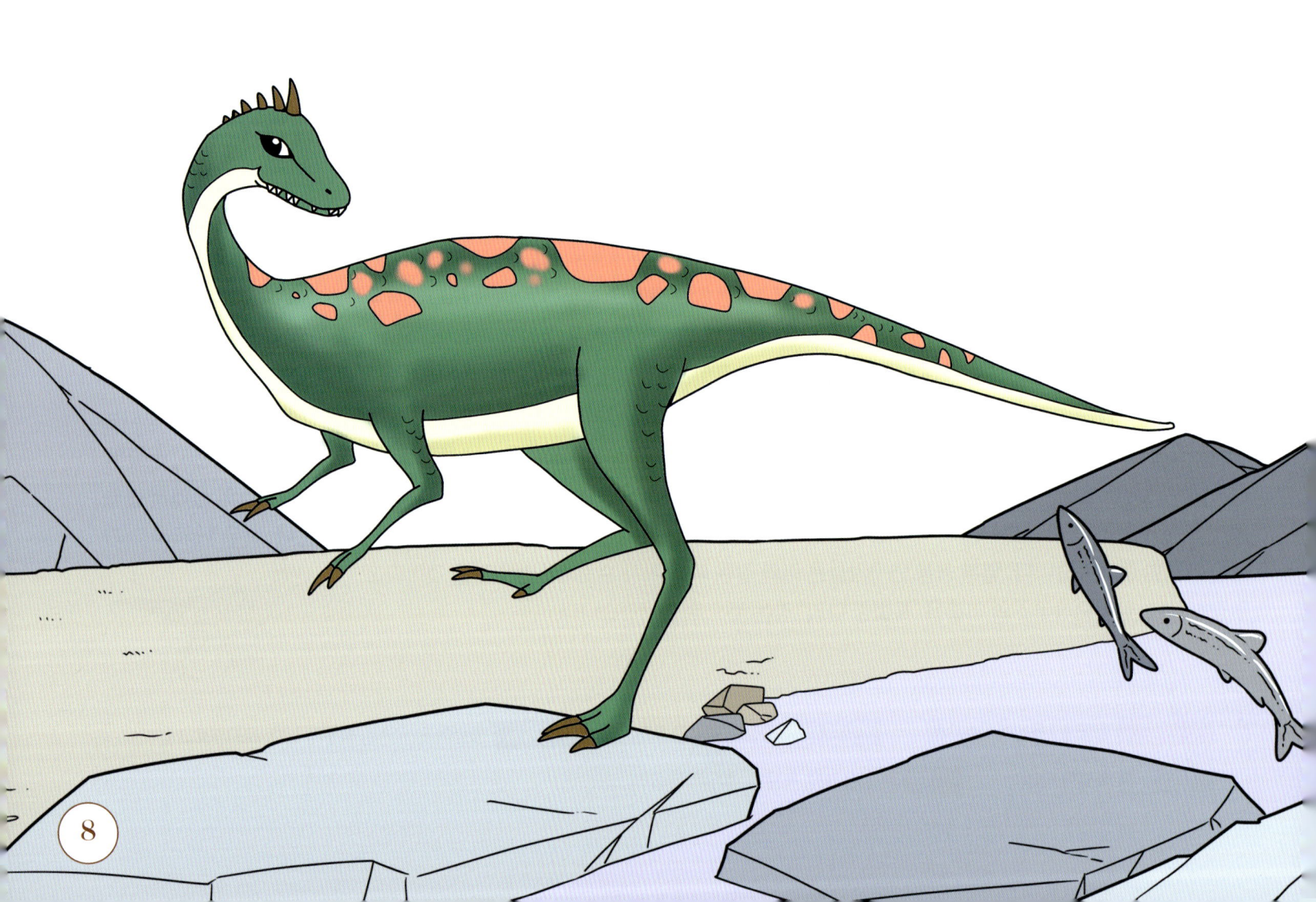

코엘루루스

Coelurus

어떤 동물이든 몸매가 날렵하면 움직임이 날쌔게 마련입니다. 먹잇감을 쫓거나 자신을 해치려는 상대로부터 달아날 때 도움이 되지요. 코엘루루스가 바로 그런 경우였습니다. 이 공룡은 몸길이 1.8~2.4미터에 몸무게 20킬로그램 안팎의 아담한 몸집을 가졌습니다. 게다가 몸통이 작아 공룡 치고는 아주 민첩한 움직임을 보였지요. 그 밖에도 코엘루루스는 몇 가지 특징 때문에 몸동작이 빨랐습니다. 우선 이 공룡은 머리가 매우 작아 달리는 데 부담스럽지 않았지요. 짧은 앞다리를 들고 성큼성큼 달릴 때는 튼튼한 뒷다리가 절대적인 역할을 했습니다. 작은 몸통에 비해 늘씬하게 뻗은 뒷다리는 강력한 힘을 바탕으로 넓은 보폭을 만들어낼 수 있었으니까요. 아울러 뒷다리 못지않게 기다란 꼬리는 몸의 균형을 잡는 데 더없이 큰 도움이 되었습니다. 그와 같은 장점은 코엘루루스가 사냥을 할 때도 위력을 발휘했습니다. 어지간한 상대는 이공룡의 날쌘 추격을 당해내지 못했지요. 코엘루루스는 아담한 겉모습과 달리 성질이 무척 사나웠으며, 각종 포유류와 작은 공룡들을 주식으로 삼았습니다. 지구상에 살았던 시기는 중생대 쥐라기 후기이고, 이름에는 '속 빈 꼬리'라는 의미가 담겨 있지요. 아울러 화석은 북아메리카 대륙에서 발견되었습니다.

분류 동물계 〉 용반목 〉 수각류	**살았던 시대** 중생대 쥐라기 후기	**크기** 몸길이 1.8~2.4미터, 몸무게 20킬로그램 안팎
이름의 뜻 속 빈 꼬리	**먹이** 용포유류, 작은 공룡 등 육식	

시노사우롭테릭스

Sinosauropteryx

흔히 공룡의 몸 표면이라고 하면 가죽같이 매끈한 모습을 떠올리기 쉽습니다. 하지만 모든 공룡이 그런 것은 아니지요. 실제로 중국에서 화석이 발견된 시노사우롭테릭스의 경우 온몸에 털이 났던 것을 알 수 있습니다. 워낙 화석의 보존 상태가 좋았기 때문인데, 특히 머리에서부터 꼬리까지 깃털처럼 털이 이어진 특징에 따라 이런 종류를 '깃털공룡' 이라고 부르는 계기가 되었지요. 다시 말해 이 공룡의 화석이 일부 공룡 몸에 털이 나 있었던 사실을 증명해준 최초의 사례였던 것입니다. 하지만 깃털공룡이라는 표현 때문에 시노사우롭테릭스가 하늘을 날수 있었고 생각하면 안 됩니다. 이 공룡의 깃털은 보온 효과를 냈을 것으로 짐작될 뿐, 골격의 생김새가 익룡이나 조류와는 전혀 다르기 때문입니다. 시노사우롭테릭스는 몸길이 1~1.2미터의 소형 공룡입니다. 몸무게도 10여 킬로그램에 그쳤을 것으로 판단되지요. 따라서 육식 공룡이기는 해도 작은 동물이나 곤충을 잡아먹는 데 그쳤을 것으로 보입니다. 이 공룡의 또 다른 특징은 뒷다리와 몸의 균형을 잡아주는 꼬리가 길어 움직임이 매우 빨랐다는 점입니다. '중국 도마뱀 새' 라는 뜻을 가진 이름이며, 지구상에 출현했던 시기는 중생대 백악기 전기였습니다.

- **분류**: 동물계 〉 용반목 〉 수각류
- **살았던 시대**: 중생대 백악기 전기
- **크기**: 몸길이 1~1.2미터, 몸무게 10~20킬로그램
- **이름의 뜻**: 중국 도마뱀 새
- **먹이**: 작은 동물, 곤충 등 육식

오르니토미무스

Ornithomimus

'새를 닮은 것' 또는 '새의 모방자' 라는 의미로 이름을 붙인 공룡이 있습니다. 오르니토미무스가 바로 그 주인공이지요. 이 공룡은 생김새가 타조를 닮아 그와 같은 이름이 매우 잘 어울립니다. 오르니토미무스는 타조처럼 달리기도 빨랐습니다. 최고 시속 70~80킬로미터는 됐을 것으로 짐작되는데, 이 정도 속력은 공룡들 가운데 가장 빠른 축에 속하지요. 오르니토미무스의 날쌘 달리기 솜씨는 몸의 구조를 살펴보면 충분히 이해됩니다. 우선 이 공룡은 몸길이 3~4미터에 몸무게는 130킬로그램 안팎이었을 것으로 추정되지요. 그리고 작은 머리와 유연한 목, 별로 크지 않은 몸통과 더불어 매끈하게 잘 빠진 근육질의 뒷다리를 가져 마치 육상선수 같은 분위기를 자아냅니다. 게다가 시력이 좋아 멀리서도 장애물을 파악할 수 있었고, 기다랗고 튼튼한 꼬리를 사용해 효과적으로 몸의 균형을 잡았지요. 자그마한 앞다리는 달리기에 직접 도움이 되지는 않았지만, 제법 발달된 3개의 발가락을 이용해 웬만한 물건들은 직접 쥐고 옮기는 것이 가능했지요. 오르니토미무스는 지구상에 중생대 백악기 후기에 나타났습니다. 주로 작은 동물이나 곤충 등을 잡아먹으며 육식을 했다고 알려져 있으나, 일부 학자들은 입에 이빨이 없는 점을 들어 초식공룡이었다는 주장을 내세우기도 합니다.

분류 동물계 〉 용반목 〉 수각류
살았던 시대 중생대 백악기 후기
크기 몸길이 3~4미터, 몸무게 130킬로그램 안팎
이름의 뜻 새를 닮은 것 또는 새의 모방자
먹이 작은 동물, 곤충 등 육식

수코미무스

Suchomimus

수코미무스는 대략 몸길이 11미터, 몸무게 3톤에 달하는 거대 공룡입니다. 이름에 '악어를 닮은 것' 또는 '악어 모방자' 라는 의미가 있는데, 그 까닭은 악어처럼 돌출된 턱을 가졌기 때문입니다. 입 안에는 120개나 되는 단단한 이빨이 나 있어 포획한 먹잇감의 살점을 뜯어내기에 편리했지요. 수코미무스가 즐겨 먹었던 것은 물고기였습니다. 아마도 돌출된 주둥이와 앞다리의 날카로운 발톱을 이용해 수면 가까이 헤엄쳐 다니는 각종 물고기를 사냥했을 것으로 짐작됩니다. 이 공룡은 튼튼한 뒷다리 못지않게 앞다리도 꽤 발달했는데, 마치 뾰족한 갈고리 모양으로 난 앞다리의 발톱 길이만 해도 30센티미터가 훌쩍 넘을 만큼 위협적이었습니다. 수코미무스의 몸에서 눈에 띄는 또 다른 특징은 등에 솟은 신경배돌기입니다. 이것은 척추의 곁가지뼈라고 할 수 있는데, 등을 따라 일렬로 쭉 세워진 구조로 체온 조절의 역할을 했다고 판단됩니다. 즉 온도에 따라 체온을 보호하거나 방출하는 기능을 했던 것이지요. 지구상에 수코미무스가 서식했던 시기는 중생대 백악기 중기입니다. 화석이 발견된 지역은 아프리카 대륙이고요. 육식공룡의 분류 기준에 따르면 등에 돛이 있는 스피노사우루스과(Spinosauridae)에 속합니다.

분류	동물계 〉 용반목 〉 수각류
살았던 시대	중생대 백악기 중기
크기	몸길이 11미터, 몸무게 3톤
이름의 뜻	악어를 닮은 것 또는 악어의 모방자
먹이	각종 물고기 등 육식

코엘로피시스

Coelophysis

지난 1947년 미국에서 공룡 화석이 무더기로 발견되었습니다. 어린 공룡부터 어미 공룡까지 100여 개의 표본을 발굴했는데, 모두 코엘로피시스인 것으로 밝혀졌지요. 아마도 집단생활을 하다가 갑작스런 천재지변으로 한꺼번에 땅에 파묻힌 것이 아닐까 추측됩니다. 코엘로피시스는 몸집이 별로 크지 않았습니다. 몸길이 2.5~3미터에 몸무게는 50킬로그램쯤 되었지요. 몸길이에 비해 몸무게가 많이 나가지 않는 것에서 알 수 있듯, 전체적인 생김새가 날렵해 보이는 공룡입니다. 도마뱀 같은 머리에 기다란 목, 군살 없는 몸통, 늘씬하게 뻗은 뒷다리와 몸길이의 절반을 차지할 정도인 꼬리 등 빠른 속도로 달리기에 적합한 체형을 가졌지요. 실제로 이 공룡은 사냥을 할 때 매우 날쌔게 움직여 각종 포유류를 비롯해 작은 공룡들을 잡아먹었습니다. 심지어 같은 종족의 새끼까지 잡아먹었을 것으로 추정되는 화석이 발견되기도 했지요. 코엘로피시스의 이름에는 '속이 비어 있는 뼈'라는 의미가 담겨 있습니다. 뼈 무게가 얼마 나가지 않아 그런 이름을 붙인 것인데, 그만큼 몸이 가벼워 움직임이 민첩했지요. 지구상에는 중생대 트라이아스기 후기에 살았습니다. 또한 화석은 앞서 말한 미국과 캐나다에서 발견되었지요.

- **분류** 동물계 〉 용반목 〉 수각류
- **살았던 시대** 중생대 트라이아스기 후기
- **크기** 몸길이 2.5~3미터, 몸무게 50킬로그램
- **이름의 뜻** 속이 비어 있는 뼈
- **먹이** 포유류, 작은 공룡 등 육식

디메트로돈 — Dimetrodon

이것은 공룡이라기보다, 공룡의 조상쯤 되는 원시 파충류라고 할 수 있습니다. 지금으로부터 2억8천700만 년 전인 고생대 페름기에 살았지요. 최근 들어 디메트로돈이 화제의 중심에 다시 선 것은 2010년 미국 텍사스에서 화석이 발견되었기 때문입니다. 이 원시 파충류의 화석이 처음 발견된 시기는 19세기 말이었지만, 그제야 가장 완벽한 형태의 화석이 세상에 모습을 드러냈던 것이지요. 몸길이 3미터 남짓에 몸무게 250킬로그램 정도였던 디메트로돈은 '두 종류의 이빨' 이라는 뜻의 이름을 갖고 있습니다. 왜냐하면 입 앞쪽의 크고 날카로운 이빨과 함께 입 안쪽으로는 작고 뭉툭한 이빨을 갖고 있었기 때문이지요. 디메트로돈은 이처럼 독특한 이빨 구조로 각종 물고기를 포획해 잘게 찢고 씹어 뱃속에 삼켰을 것이라고 생각됩니다. 그리고 두 종류의 이빨 못지않은 특징으로 등줄기에 솟은 널찍한 돌기를 이야기할 수 있습니다. 이 돌기는 마치 범선의 돛처럼 생겼는데, 혈관이 두루 퍼져 있는 까닭에 체온 조절에 이용되었을 것으로 판단됩니다. 길고 가느다란 뼈들 사이에 물갈퀴 같은 것이 붙어 있는 형태라 유연하면서도 쉽게 꺾이지 않았지요. 또한 디메트로돈의 걸음걸이는 오늘날의 도마뱀과 비슷했습니다. 비록 4개의 다리는 짧았어도 빠른 몸놀림이 가능했지요. 디메트로돈의 화석은 미국뿐만 아니라 유럽 대륙에서도 발견되었습니다.

- **분류**: 동물계 〉 반룡목 〉 원시 파충류
- **살았던 시대**: 고생대 페름기
- **크기**: 몸길이 3미터, 몸무게 250킬로그램
- **이름의 뜻**: 두 종류의 이빨
- **먹이**: 물고기 등 육식

데이노케이루스　　Deinocheirus

지난 1965년, 몽골에서 낯선 공룡 화석이 발견되었습니다. 하지만 고작 앞다리 2개뿐이라 전체적인 모습은 상상하기 어려웠지요. 다만 그 길이가 2.4미터에 이르러 몸길이가 약 10~12미터쯤 될 것이라고 짐작했을 뿐입니다. 그 후에도 데이노케이루스의 화석은 완전한 형태가 아니라 부분적으로 발견되어 정확한 모양새는 아직도 수수께끼로 남아 있습니다. 연구자들에 따라 학설이 각양각색인데, 현재까지 밝혀진 바로는 몸길이 10미터에 몸무게는 2톤 정도였을 것으로 판단됩니다. 지금까지 데이노케이루스에 관한 연구 결과 겉모습 중 가장 독특한 것은 앞다리입니다. 나중에 발견된 갈비뼈와 척추뼈 화석을 분석해보면 다른 육식공룡들에 비해 앞다리가 발달했을 것으로 생각되는데, 거기에 난 발톱의 형태가 특히 개성적이지요. 수코미무스(Suchomimus) 못지않게 20센티미터가 넘는 갈고리 모양의 발톱을 가졌지만 그다지 날카롭지 않아, 매서운 공격용이라기보다는 먹잇감을 모으거나 들어 올리는 집게 역할을 했을 것으로 보입니다. 그럼에도 데이노케이루스의 이름에는 '무서운 손' 이라는 뜻이 담겨 있지요. 데이노케이루스의 주요 먹이는 포유류나 다른 공룡의 알 등이었습니다. 이따금 나뭇잎이나 과일을 먹기도 했고요. 앞으로 완전한 형태의 화석이 발견된다면 중생대 백악기 후기에 살았던 데이노케이루스의 진짜 모습이 어떨까 매우 궁금합니다.

분류 동물계 〉 용반목 〉 수각류　**살았던 시대** 중생대 백악기 후기　**크기** 몸길이 10미터, 몸무게 2톤
이름의 뜻 무서운 손　**먹이** 포유류, 공룡 알 등 육식을 비롯해 나뭇잎, 과일

오르니톨레스테스 Ornitholestes

이따금 공룡 화석도 경매에 나온다는 사실을 알고 있나요? 얼마 전에도 프랑스 파리에서 열린 소더비 경매에 중생대 쥐라기 후기에 살았던 오르니톨레스테스의 화석이 출품되었습니다. 여기서 소더비는 세계 최대의 미술품 경매 회사를 일컫지요. 이 공룡의 화석은 미국의 한 채석 장에서 발견되었는데, 오르니톨레스테스 화석 중에서는 가장 오래된 것으로 인정받아왔습니다. 경매가 역시 우리 돈 5억 원이 넘었지요. 오르니톨레스테스는 몸길이 2미터에 몸무게가 15킬로그램 정도밖에 안 됐던 작은 공룡입니다. 이름의 의미가 '새 도둑'으로, 가벼운 몸을 매우 민첩하게 움직였지요. 튼튼한 뒷다리를 이용해 껑충껑충 뛰어다니면서 작은 포유류와 도마뱀, 조류 따위를 잡아먹었습니다. 또한 앞다리는 비록 작아도 발가락들이 길쭉해 먹잇감을 야무지게 움켜잡을 수 있었지요. 게다가 이빨이 크기는 작지만 매우 날카롭고 턱 힘까지 강했습니다. 그 덕분에 한번 잡은 먹잇감은 좀처럼 놓치는 법이 없었지요. 오르니톨레스테스가 남달리 빠른 속도를 유지할 수 있었던 데는 꼬리의 역할도 컸습니다. 몸길이의 절반쯤 되는 꼬리를 치켜세우고 달렸기 때문에 몸의 균형을 유지할 수 있었지요. 그동안 오르니톨레스테스의 화석은 아메리카 대륙과 아프리카 대륙에서 폭넓게 발견되었습니다.

- **분류** 동물계 〉 용반목 〉 수각류
- **살았던 시대** 중생대 쥐라기 후기
- **크기** 몸길이 2미터, 몸무게 15킬로그램
- **이름의 뜻** 새 도둑
- **먹이** 포유류, 도마뱀, 조류 등 육식

에오랍토르   Eoraptor

몸길이 2미터 정도인 오르니톨레스테스(Ornitholestes)보다 더 작은 공룡입니다. 중생대 트라이아스기 후기에 살았는데, 그 크기가 겨우 1미터에 불과했지요. 지금까지 발견된 화석을 보면 50센티미터 안팎의 것도 적지 않습니다. 몸무게 역시 기껏해야 10킬로그램을 넘지 않았지요. 에오랍토르는 '새벽의 약탈자'라는 뜻을 이름에 담고 있습니다. 그런 점에서 알 수 있듯 성질이 매우 난폭했던 공룡이지요. 몸집은 작아도 튼튼한 뒷다리를 사용해 매우 민첩하게 움직였고, 앞발에 난 5개의 발가락 중 제대로 발달된 3개를 이용해 먹잇감을 꽉 움켜쥘 줄 알았습니다. 이빨도 작지만 톱니처럼 생겨 한번 포획한 상대를 놓치는 법이 없었고요. 에오랍토르는 그런 장점을 충분히 발휘했기 때문에 도마뱀 등 자기보다 작은 동물과 곤충을 잡아먹을 수 있었습니다. 따라서 주요 서식지는 수풀이 우거져 그와 같은 먹잇감이 많은 곳이었지요. 하지만 에오랍토르는 워낙 몸집이 작아 늘 상위 포식자들에게 위협을 받았습니다. 아무리 몸이 빨라도 거대한 상대에게 맞서기는 어려웠지요. 지구상에 대략 500만 년 정도 생존하다가 멸종된 것으로 알려져 있으며, 화석은 주로 남아메리카 대륙에서 발견되었습니다.

- **분류**: 동물계 〉 용반목 〉 수각류
- **살았던 시대**: 중생대 트라이아스기 후기
- **크기**: 몸길이 1미터, 몸무게 10킬로그램 이내
- **이름의 뜻**: 새벽의 약탈자
- **먹이**: 도마뱀, 곤충 등 육식

데이노니쿠스

Deinonychus

공룡 데이노니쿠스는 중생대 백악기 전기에 살았습니다. 몸길이 2.5~4미터, 몸무게 60~90킬로그램 정도였던 육식공룡이지요. 이따금 무리지어 사냥을 한 것으로 알려져 있는데, 시속 40킬로미터에 달하는 빠른 속도로 상대를 쫓아가 일제히 공격을 퍼부었습니다. 그 대상이 설령 자기보다 몸집이 크다 해도 한꺼번에 달려들어 치명상을 입혔지요. 실제로 1964년 미국에서는 데이노니쿠스 몇 마리가 힘을 합쳐 테논토사우루스(Tenontosaurus)를 습격한 것으로 추정되는 화석이 발견되기도 했습니다. 데이노니쿠스의 최대 공격 무기는 이름 그대로 '날카로운 발톱' 이었습니다. 앞다리에 있는 3개의 발톱도 만만치 않았지만, 특히 뒷다리의 4개의 발가락 중 둘째발가락에 난 커다란 발톱은 상대에게 공포의 대상이었지요. 그 모양새부터 날카로운 낫과 비슷한데다 13센티미터에 이를 만큼 길어 매우 위협적이었습니다. 어지간한 상대는 이 발톱에 깊이 찔릴 경우 목숨을 유지하기 어려웠지요. 그래서였을까요. 데이노니쿠스는 낫 모양의 이 발톱을 소중히 다루었습니다. 평화롭게 길을 걸을 때는 발톱을 들어 올려 땅에 닿지 않도록 했지요.
그것은 둘째발가락의 발톱을 위아래로 자유롭게 움직일 수 있었기 때문에 가능한 일이었습니다. 데이노니쿠스의 화석은 북아메리카 대륙에서 발견되었고, 각종 포유류와 다른 공룡들을 먹잇감으로 삼았습니다.

분류 동물계 〉 용반목 〉 수각류   **살았던 시대** 중생대 백악기 전기   **크기** 몸길이 2.5~4미터, 몸무게 60~90킬로그램
이름의 뜻 날카로운 발톱   **먹이** 포유류, 다른 공룡 등 육식

고르고사우루스

Gorgosaurus

1914년 어느 날, 미국의 고생물학자가 공룡의 화석을 발견했습니다. 그 공룡은 1년 전 이미 캐나다에서 화석이 발견되었지만 아직 이름이 정해지지 않은 상태였지요. 미국의 고생물학자는 고민 끝에 '사나운 도마뱀'이라는 의미가 담긴 고르고사우루스라는 이름을 붙여주었습니다. 화석에 흩어져 있는 뼈들을 맞춰 보니, 그 골격이 너무나 포악해 보였기 때문입니다. 그도 그럴 것이 고르고사우루스의 머리뼈 길이는 1미터나 되었습니다. 전체 몸길이가 8~9미터인 것을 감안하면 머리 부분이 아주 우람했지요. 그것은 사납기로 유명한 티라노사우루스(Tyran-nosaurus)와 매우 비슷한 모습이었습니다. 다만 크기가 조금 작을 뿐이었는데, 고르고사우루스 역시 커다란 몸집에 몸무게도 2.5톤 가까이 나가 결코 만만치 않은 강인한 분위기를 자아냈습니다. 고르고사우루스는 지구상에 중생대 백악기 후기에 살았습니다. 여러모로 외모가 닮은 티라노사우루스보다 약 950만 년가량 먼저 나타났던 것이지요. 지금까지 화석은 미국과 캐나다가 위치한 북아메리카 대륙에서 발견되었습니다. 고르고사우루스의 먹잇감에 대해서는 학자들에 따라 의견이 조금씩 다릅니다. 많은 학자들이 직접 사냥을 하기보다는 죽은 동물의 사체를 먹었을 것으로 보는데, 일부에서는 초식공룡 등을 잡아먹었다는 주장을 펼치기도 합니다.

분류 동물계 〉 용반목 〉 수각류	**살았던 시대** 중생대 백악기 후기	**크기** 몸길이 8~9미터, 몸무게 2.5톤
이름의 뜻 사나운 도마뱀	**먹이** 동물의 사체 또는 초식공룡 등 육식	

슈부이아

Shuvuuia

중생대 공룡의 모습은 요즘 우리가 보는 동물들과 여러모로 달랐습니다. 아울러 일반적인 공룡의 모습과 구별되는 개성적인 외형을 가진 공룡들도 적지 않았지요. 그 중 하나가 바로 슈부이아입니다. 이 공룡은 조류를 닮은 모습 때문에 '사막의 새'라는 의미의 이름이 붙여졌지요. 날개 대신 날렵하면서도 튼튼한 뒷다리와 짧고 뭉툭한 앞다리를 가진 것이 다를 뿐, 전체적인 모습은 새와 비슷한 점이 많았습니다. 중생대 백악기 후기에 나타났던 슈부이아의 화석은 몽골의 고비사막에서 발견되었습니다. 몸길이는 60센티미터에서 1미터가량이며, 몸무게는 2.5킬로그램 정도 되었을 것으로 판단되지요. 슈부이아가 공룡의 일종으로 분류되는 이유는 이빨이 길고 꼬리뼈가 많기 때문입니다. 또한 앞다리가 왜소해 보이는 모양새와 달리 제법 강인했는데, 발톱이 달린 하나의 발가락을 이용해 효과적으로 먹잇감을 찾았습니다. 곤충과 작은 동물들을 잡아먹었던 슈부이아가 앞발의 발가락으로 땅을 헤집거나 나뭇가지를 들추며 사냥을 했던 것이지요. 튼튼한 뒷다리 역시 여느 작은 공룡들이 그랬듯 거대한 육식 공룡들이 공격해오면 빠른 속도로 달아날 수 있는 방어 무기가 돼주었습니다. 새를 닮기는 했지만 하늘을 날 수는 없었으니까요. 하지만 슈부이아는 공룡과 다른 점도 적지 않았습니다. 우선 윗부리를 들어 올리는 것이 가능했는데, 그것은 조류의 특징중 하나지요. 머리뼈의 구조도 조류와 흡사했습니다.

분류 동물계 〉 용반목 〉 수각류
살았던 시대 중생대 백악기 후기
크기 몸길이 60센티미터~1미터, 몸무게 2.5킬로그램
이름의 뜻 사막의 새
먹이 작은 동물, 곤충 등 육식

스피노사우루스 Spinosaurus

디메트로돈(Dimetrodon)이 그렇듯, 등줄기에 널찍한 돌기가 범선의 돛처럼 솟아 있는 공룡입니다. 그 높이가 2미터 가까이 되는데, 가시 모양의 가늘고 기다란 뼈들이 나 있어 '가시 도마뱀'이라는 의미를 이름에 담았지요. 돛과 같은 돌기의 역할은 체온 조절이었을 것으로 생각됩니다. 스피노사우루스는 몸길이가 12~18미터나 되는 거대한 공룡입니다. 몸무게는 거의 9톤에 육박했지요. 지구상에 중생대 백악기 전기에 살았으며, 화석은 이집트 등 아프리카 대륙에서 발견되었습니다. 스피노사우루스의 머리뼈는 악어와 비슷하게 생겼지요. 기다랗고 단단해 보이는 주둥이에는 날카로운 이빨들이 나 있는데, 이와 같은 구조로 미루어 물가에서 물고기를 잡아먹으며 살았던 것으로 짐작됩니다. 하지만 공룡 연구자들에 따라서는 동물들의 사체를 주요 먹잇감으로 삼았을 것이라는 주장을 펼치기도 합니다. 스피노사우루스는 잘 발달된 뒷다리와 비교해 앞다리의 크기도 아주 작지는 않습니다. 그럼에도 이동할 때는 여느 수각류 공룡들처럼 2개의 뒷다리만을 이용했지요. 몸매가 날렵하고 몸의 균형을 잡아주는 튼튼한 꼬리가 있어 달리는 속력이 꽤 빨랐습니다.

- **분류** 동물계 〉 용반목 〉 수각류
- **살았던 시대** 중생대 백악기 전기
- **크기** 몸길이 12~18미터, 몸무게 9톤
- **이름의 뜻** 가시 도마뱀
- **먹이** 물고기 또는 동물의 사체 등 육식

헤레라사우루스 — Herrerasaurus

1959년, 아르헨티나 산 후안에서 농부 빅토리노 헤레라가 우연히 공룡의 화석을 발견했습니다. 그것은 처음 보는 공룡이라 고생물학자들이 최초 발견자의 이름을 붙여 헤레라사우루스라고 불렀지요. 그런데 헤레라사우루스라는 학명에는 '헤라의 도마뱀'이라는 뜻도 담겨 있습니다. 여기서 '헤라'란 그리스 신화에 등장하는 여신으로 제우스의 아내인데, 그리스 이오니아 지역에서는 '헤레라'라는 방언으로 불리기도 한답니다. 헤레라사우루스는 몸집에 비해 거대한 두개골을 가진 공룡입니다. 그 모습에 어울리게 이빨도 매우 날카로워 난폭한 성질을 가졌을 것으로 짐작됩니다. 흔히 머리가 크고 위협적인 이빨을 가진 공룡들은 탁월한 싸움꾼이 많았지요. 게다가 헤레라사우루스는 앞다리의 발톱까지 모두 낫처럼 길고 뾰족해 상대에게 공포감을 심어주기에 충분했습니다. 이 공룡은 그런 특징을 잘 이용해 포유류나 초식공룡들을 사냥했지요. 지구상에 헤레라사우루스가 나타났던 시기는 중생대 트라이아스기 중기였습니다. 화석은 주로 남아메리카 대륙에서 발견되었지요. 헤레라사우루스의 몸길이는 3~3.5미터, 몸무게는 대략 200킬로그램 남짓이었습니다.

- **분류**: 동물계 〉 용반목 〉 수각류
- **살았던 시대**: 중생대 트라이아스기 중기
- **크기**: 몸길이 3~3.5미터, 몸무게 200킬로그램
- **이름의 뜻**: 헤라의 도마뱀
- **먹이**: 포유류, 초식공룡 등 육식

알로사우루스 Allosaurus

우리는 흔히 육식공룡의 최강자로 티라노사우루스(Tyrannosaurus)를 떠올립니다. 그런데 그보다 먼저 공룡 세계를 주름잡았던 포식자가 있었지요. 알로사우루스가 그것으로 티라노사우루스의 조상쯤 된다고 말할 수 있습니다. 백악기 후기의 티라노사우루스에 앞서 쥐라기 후기에 살았으니까요. 알로사우루스가 티라노사우루스 못지않게 영화나 다큐멘터리에 자주 등장하는 것만 봐도 얼마나 유명한 공룡인지 알 수 있습니다. 알로사우루스는 짧은 목에 큰 머리, 긴 꼬리와 짧은 앞다리, 근육질의 튼튼한 뒷다리를 가져 난폭한 성질의 거대 공룡이 보이는 주요 특징을 두루 갖추었습니다. 30여 개의 날카로운 이빨과 앞발에 갈고리 같은 3개의 발톱도 있었고요. 몸길이는 8~12미터, 몸무게는 2톤 안팎이었을 것으로 추정됩니다. 이름에 '특별한 도마뱀' 이라는 뜻을 담고 있으며, 생존 당시에는 먹이사슬의 최고점에 있었지요. 강인한 인상답게 사냥을 할 때도 대개 개별적으로 행동했는데, 각종 포유류를 비롯해 초식공룡은 물론이고 일부 육식공룡까지 닥치는 대로 먹어치웠습니다. 심지어 동물의 사체를 먹거나 자신과 같은 종족을 해치기도 했지요. 또한 알로사우루스는 몸의 균형을 잡아주는 굵은 꼬리와 4개의 발가락이 달린 뒷발을 가져 거대한 몸집에도 달리기가 꽤 빨랐을 것으로 보입니다. 지금까지 알로사우루스의 화석은 북아메리카의 미국과 아프리카 탄자니아, 오스트레일리아에서 발견되었습니다.

- **분류** 동물계 〉 용반목 〉 수각류
- **살았던 시대** 중생대 쥐라기 후기
- **크기** 몸길이 8~12미터, 몸무게 2톤 안팎
- **이름의 뜻** 특별한 도마뱀
- **먹이** 포유류, 초식공룡, 육식공룡, 동물의 사체 등 육식

오비랍토르 Oviraptor

오비랍토르는 '알 도둑' 이라는 의미를 갖고 있습니다. 이 공룡의 화석이 몽골 고비사막에서 발견되었을 때 몸속에 알들이 있었기 때문이지요. 처음에 학자들은 오비랍토르가 다른 공룡의 알을 훔쳐 먹은 것으로 판단해 그와 같은 이름을 붙였습니다. 하지만 얼마 후 다른 화석에서도 알이 나왔고, 좀 더 연구해보니 알을 먹은 것이 아니라 품고 있다가 그대로 땅속에 파묻혀버렸다는 결론이 내려졌습니다. 마치 새처럼 자기가 낳은 알을 품었다는 뜻이지요. 오비랍토르는 머리 부분의 생김새가 꼭 앵무새를 닮았습니다. 새의 부리와 비슷한 주둥이를 가졌고, 두개골 위쪽에는 뼈로 된 볏이 솟아 있었지요. 비록 입 안에 이빨은 없었지만, 그런 구조의 주둥이는 작은 파충류나 곤충을 비롯해 과일 따위를 쪼아 먹는데 적합했습니다. 게다가 앞다리에는 갈고리 형태의 발가락이 3개 있어 먹잇감을 움켜쥐기에 편리했고요. 오늘날의 앵무새가 발가락을 이용해 나뭇가지를 잡고 앉은 모습을 떠올리면 쉽게 상상이 될 것입니다. 한마디로 오비랍토르 몸의 앞쪽은 여러모로 새와 비슷하다고 할 수 있습니다. 하지만 오비랍토르 몸의 뒤쪽은 영락없는 공룡의 모습입니다. 길고 튼튼한 2개의 뒷다리는 빨리 달리는 데 중요한 역할을 했으며, 꼬리도 굵고 튼튼했지요. 물론 하늘을 날지도 못했습니다. 오비랍토르의 몸길이는 2미터, 몸무게는 40킬로그램 정도였지요. 지구상에는 중생대 백악기 후기에 나타났습니다.

분류	동물계 〉 용반목 〉 수각류	살았던 시대	중생대 백악기 후기	크기	몸길이 2미터, 몸무게 40킬로그램
이름의 뜻	알 도둑	먹이	작은 파충류, 곤충 같은 육식을 비롯해 과일 등		

티라노사우루스

Tyrannosaurus

공룡의 왕, 공룡 세계의 최대 포식자, 가장 난폭한 공룡. 이것은 모두 약 6700만 년 전 중생대 백악기 후기에 살았던 티라노사우루스를 수식 하는 표현입니다. 이 공룡의 이름에 이미 '폭군 도마뱀' 이라는 뜻이 담겨 있지요. 티라노사우루스는 몸길이 12~15미터, 몸무게 6~7톤에 달하는 거대 공룡입니다. 특히 약 1.2미터에 이르는 커다란 두개골은 상대에게 굉장한 위압감을 주었지요. 또한 크고 강력한 뒷다리는 달릴 때 최대 50킬로미터의 속력을 냈을 것으로 추정되며, 그에 비해 너무나 작아 보이는 앞다리도 200킬로그램의 무게를 들어 올릴 만큼 힘이 셌습니다. 굵은 꼬리 역시 몸의 균형을 잡게 한 것은 물론이고, 사냥을 할 때는 무엇이든 한 방에 때려눕히는 엄청난 위력을 발휘했지요. 아울러 이빨은 하나의 길이가 30센티미터나 될 만큼 큰데다 옆면이 톱날처럼 생겨 상대를 한번 물면 숨통이 끊어지고 뼈가 으스러질 정도였습니다. 지금까지 티라노사우루스의 화석은 미국과 캐나다에서 발견되었습니다. 이 공룡은 명성에 걸맞게 공룡 연구자들로부터 큰 관심을 받고 있는데, 서로 다른 학설이 발표되어 논란을 빚기도 합니다. 그 중 대표적인 것은 티라노사우루스가 사냥 대신 동물의 사체를 먹고 살았다는 주장입니다. 그 학설에 동의하는 학자들은 티라노사우루스의 몸집이 너무 커서 빠르게 움직이는 것조차 어려웠을 것이라고 말합니다.

- **분류** 동물계 〉 용반목 〉 수각류
- **살았던 시대** 중생대 백악기 후기
- **크기** 몸길이 12~15미터, 몸무게 6~7톤
- **이름의 뜻** 폭군 도마뱀
- **먹이** 포유류, 초식공룡, 육식공룡 또는 동물의 사체 등 육식

딜로포사우루스

Dilophosaurus

공룡들은 덩치에 어울리지 않게 무리지어 생활하는 경우가 적지 않았습니다. 딜로포사우루스도 그 중 하나였지요. 이 공룡의 화석은 북아메리카 대륙에서 발견되었는데, 여러 마리의 뼈가 함께 나와 그와 같은 집단생활을 짐작하게 합니다. 딜로포사우루스가 지구상에 살았던 시기는 중생대 쥐라기 전기였습니다. 몸길이 6미터에 몸무게는 400~450킬로그램 정도 되었지요. 날렵한 몸매와 길고 굵은 꼬리, 튼튼한 뒷다리는 빠른 속도로 달리는 데 최적의 조건이었습니다. 뒷다리의 발톱에는 날카로운 발톱까지 나 있어 사냥감을 제압하고 분해할 때 효과적인 도구가 되기도 했지요. '2개의 볏을 가진 도마뱀'. 이것은 딜로포사우루스라는 이름에 담긴 의미입니다. 말 그대로 이 공룡은 두개골 양쪽에 반달 모양의 볏이 2개 있었지요. 뼈 구조로 된 이 볏의 크기는 30센티미터 정도였습니다. 그런데 모든 딜로포사우루스에게 볏이 있었던 것은 아닙니다. 이를테면 사슴의 뿔이나 닭의 볏처럼 수컷에게만 보이는 특징이었지요. 아마도 화려한 색채를 띠었을 가능성이 높은 이 볏을 수컷들은 적을 위협하거나 암컷을 유혹하는 일에 이용했던 것으로 추측됩니다. 오늘날 공룡을 연구하는 학자들은 딜로포사우루스가 몸집이 큰 동물들은 잡아먹지 못했을 것으로 봅니다. 왜냐하면 화석을 보면 이 공룡의 턱뼈가 약하고 이빨이 가늘기 때문입니다.

- **분류**: 동물계 〉 용반목 〉 수각류
- **살았던 시대**: 중생대 쥐라기 전기
- **크기**: 몸길이 6미터, 몸무게 400~450킬로그램
- **이름의 뜻**: 2개의 볏을 가진 도마뱀
- **먹이**: 작은 포유류 등 육식

칸

Khaan

중생대 백악기 후기에 살았던, 아주 짧은 이름을 가진 공룡입니다. 칸맥케나이(Khaan mckennai)로 불리기도 하지요. 이 공룡의 화석이 몽골 고비사막에서 발견된 까닭에 몽골어로 칸이라는 이름이 붙여졌습니다. 칸은 5세기 무렵 몽골에서 여러 유목 국가의 군주를 일컫는 호칭 이었지요. 그 때의 칸(Khan)과 칸(Khaan) 공룡은 스펠링이 다르지만 '군주' 또는 '제왕' 이라는 의미가 담겨 있는 것은 같습니다. 칸을 자세히 설명하려면 오비랍토르(Oviraptor)에 관한 이야기를 빼놓을 수 없습니다. 주둥이가 앵무새 부리를 닮은 듯한 생김새 등이 워낙 오비랍토르와 비슷하기 때문이지요. 아울러 칸도 눈이 크고 이빨이 없었습니다. 주요 먹잇감 역시 오비랍토르처럼 곤충과 도마뱀 따위를 비롯해 과일까지 먹었고, 알을 품어 보호하는 습성도 갖고 있었습니다. 두 종류 모두 오늘날의 조류와 유사점이 가장 많은 공룡이라고 할 수 있지요. 하지만 칸은 오비랍토르와 다른 점도 적지 않았습니다. 우선 몸길이가 1.2미터로 오비랍토르에 비해 작았지요. 몸무게도 25킬로그램 안팎으로 가벼웠고요. 또한 다리의 발가락 수도 달랐습니다.

분류 동물계 〉 용반목 〉 수각류
살았던 시대 중생대 백악기 후기
크기 몸길이 1.2미터, 몸무게 25킬로그램 안팎
이름의 뜻 군주 또는 제왕
먹이 작은 파충류, 곤충 같은 육식을 비롯해 과일 등

크리올로포사우루스

Cryolophosaurus

'차가운 볏 도마뱀'이라는 의미의 이름을 가진 공룡입니다. 두개골 코뼈 위에 볏이 달려 있는 특징 때문에 그렇게 불리게 되었지요. 크리올로포사우루스의 몸길이는 6~8미터, 몸무게는 450~550킬로그램 정도였을 것으로 판단됩니다. 육식공룡답게 머리가 크고 튼튼한 뒷다리를 가졌으며, 꼬리 역시 굵고 기다랗습니다. 그런데 크리올로포사우루스의 몸에서 무엇보다 눈에 띄는 것은 앞서 말한 볏입니다. 그것은 65센티미터쯤 되는 두개골에 부채 모양으로 솟아 있었는데, 짝짓기 때 이성을 유혹하는 역할을 했을 것으로 짐작됩니다. 그 형태와 크기, 견고한 정도로 미루어 싸움의 도구로 사용되었을 가능성은 희박하지요. 그 밖에 크리올로포사우루스의 볏에 대해서는 재미있는 이야깃거리가 있습니다. 미국 가수 엘비스 프레슬리의 헤어스타일과 볏의 모양이 닮아, 한때 크리올로포사우루스를 일컬어 엘비사우루스(Elvisaurus)라고 부르기도 했다는 점입니다. 또한 크리올로포사우루스의 화석이 남극에서 발견되었는데, 그것으로 새로운 사실을 하나 알 수 있습니다. 이 공룡이 살았던 중생대 쥐라기 전기에는 남극이 지금처럼 춥지 않았다는 것이지요. 화석에서 각종 공룡 뼈와 함께 나무의 흔적이 발견되었기 때문에 당시에는 남극에도 다양한 식물들이 분포했을 것으로 추측됩니다. 그런 환경 속에서 크리올로포사우루스는 포유류와 작은 공룡들을 잡아먹으며 살았지요.

- **분류** 동물계 〉 용반목 〉 수각류
- **살았던 시대** 중생대 쥐라기 전기
- **크기** 몸길이 6~8미터, 몸무게 450~550킬로그램
- **이름의 뜻** 차가운 볏 도마뱀
- **먹이** 포유류, 작은 공룡 등 육식

엘라프로사우루스 — Elaphrosaurus

중생대 쥐라기 후기에 살았던 육식공룡입니다. 화석은 아프리카 탄자니아에서 발견되었지요. 처음에는 타조를 닮은 오르니토미무스(Or-nithomimus)와 비슷한 공룡으로 생각되었지만, 연구가 더해진 결과 케라토사우루스(Ceratosaurus)와 좀 더 가까운 종으로 분류되었습니다. 엘라프로사우루스는 이름에 '가벼운 도마뱀'이라는 뜻이 담겨 있습니다. 몸길이 6미터 안팎에 몸무게 200킬로그램 남짓으로 날씬한 몸매를 가졌지요. 게다가 몸의 균형을 잡아주는 꼬리가 전체 몸길이의 절반이 넘을 정도로 길며, 뒷다리가 튼튼하고 늘씬해 달리기 솜씨가 매우 뛰어났습니다. 그와 더불어 기다란 목과 작은 두개골도 속력을 내는 데 도움이 되었을 조건이고요. 엘라프로사우루스는 겉모습으로 미루어 오르니토미무스처럼 작은 동물이나 곤충 등을 먹잇감으로 삼았을 가능성이 높습니다. 하지만 오르니토미무스에 비해서는 몸집이 2배 가까이 컸기 때문에 먹잇감의 범위가 조금 더 넓었을 것이라고 짐작됩니다.

- **분류**: 동물계 〉 용반목 〉 수각류
- **살았던 시대**: 중생대 쥐라기 후기
- **크기**: 몸길이 6미터 안팎, 몸무게 200킬로그램 남짓
- **이름의 뜻**: 가벼운 도마뱀
- **먹이**: 작은 동물, 곤충 등 육식

신랍토르

Sinraptor

1987년, 중국 북서부 신장 위구르 지역에서 새로운 공룡의 화석이 발견되었습니다. 캐나다 과학자와 중국 과학자가 함께 노력해 사막에서 찾아냈지요. 그들은 이 공룡에게 신랍토르라는 이름을 붙여주었는데, 중국을 의미하는 어휘와 약탈자를 의미하는 어휘의 합성어였지요. 다시 말해 이름에 '중국의 약탈자' 라는 뜻을 담았던 것입니다. 신랍토르는 중생대 쥐라기 후기에 살았던 공룡입니다. 몸길이 7~8미터, 몸무게 1~2톤가량 되었던 육식공룡이지요. 얼핏 알로사우루스(Allosaurus)와 닮아 보이는데, 머리 위쪽에 난 돌기가 조금 낮은 편입니다. 몸집도 알로사우루스보다는 약간 작고요. 하지만 신랍토르 역시 육식공룡 최고의 포식자 중 하나였던 것은 분명합니다. 단단한 두개골과 날카로운 이빨, 아울러 근육이 매우 발달된 뒷다리는 상대를 위협하기에 충분했지요. 아마도 이 공룡이 살았던 중국 근방에서는 적수가 별로 없었을 것으로 짐작됩니다. 알로사우루스가 북아메리카와 아프리카, 오스트레일리아에서 그랬던 것처럼 말이지요. 신랍토르는 각종 포유류뿐만 아니라 공룡들을 닥치는 대로 잡아먹었습니다. 사나운 성격으로 얼마나 싸움을 즐겨 했는지, 발견된 화석 곳곳에서 상처의 흔적이 드물지 않게 보일 정도입니다.

분류 동물계 〉 용반목 〉 수각류
살았던 시대 중생대 쥐라기 후기
크기 몸길이 7~8미터, 몸무게 1~2톤
이름의 뜻 중국의 약탈자
먹이 포유류, 초식공룡, 육식공룡 등 육식

벨로키랍토르

Velociraptor

지구상에 중생대 백악기 후기에 살았던 육식공룡입니다. 몸길이 1.8~3미터, 몸무게 20~40킬로그램 정도였지요. 조류처럼 뼈가 가벼워 무게가 많이 나가지 않았기 때문에 동작이 민첩했습니다. 달리기를 할 때 시속 60킬로미터는 너끈히 되었을 것으로 짐작됩니다. 그런 까닭에 이름에도 '날렵한 사냥꾼'이라는 의미가 담겨 있지요. 벨로키랍토르는 몽골을 시작으로 중국, 러시아 등에서 잇따라 화석이 발견되었습니다. 그 중에는 초식공룡과 싸우던 모습 그대로 화석이 되어버린 것도 있는데, 그런 사실에 비추어 이 공룡이 비록 몸집은 작아도 다른 공룡들을 공격할 만큼 사나웠을 것으로 판단됩니다. 아마도 포유류를 비롯해, 다양한 파충류들을 주요 먹잇감으로 삼았을 것입니다. 벨로키랍토르의 골격은 시조새를 닮았습니다. 그리고 2007년 또다시 몽골에서 발견된 화석을 연구한 결과 이 공룡의 꼬리에는 깃털이 나 있었던 것으로 밝혀졌습니다. 이 점은 골격의 형태와 더불어 조류의 분화와 어떤 연관이 있을 것으로 추측됩니다. 그 밖에 벨로키랍토르의 특징으로 길이가 18센티미터나 되는 갈고리 발톱을 빼놓을 수 없습니다. 이 공룡은 앞발에 3개와 뒷발에 4개의 발가락이 있는데, 그 중 앞발의 두 번째 발가락에 그처럼 기다란 발톱을 가졌지요. 그것은 적에게 맞서거나 사냥감을 해칠 때 더없이 훌륭한 무기가 되어주었습니다.

분류 동물계 〉 용반목 〉 수각류
살았던 시대 중생대 백악기 후기
크기 몸길이 1.8~3미터, 몸무게 20~40킬로그램
이름의 뜻 날렵한 사냥꾼
먹이 포유류, 파충류 등 육식

카르카로돈토사우루스 Carcharodontosaurus

카르카로돈토사우루스는 공룡 세계 최강자 티라노사우루스(Tyrannosaurus) 못지않게 몸집이 큰 육식공룡입니다. 몸길이 9~13미터, 몸무게 4~8톤에 달했지요. 그와 더불어 1.6미터 길이의 두개골과 각각 15센티미터 길이의 톱니 모양 이빨은 바라보기만 해도 공포감을 자아낼 만했습니다. 특히 거대한 두개골은 또 다른 육식공룡인 기가노토사우루스(Giganotosaurus)에 이어 두 번째로 컸지요. 대략 1.2미터쯤 되는 티라노사우루스의 두개골이 작아 보일 정도입니다. 또한 바나나 크기에 비교되곤 하는 커다란 이빨은 단박에 상대의 숨통을 끊어놓을 수있을 만큼 위력적이었습니다. 카르카로돈토사우루스라는 이름도 '상어이빨 도마뱀' 이라는 의미로 붙여진 것이지요. 지구상에 카르카로돈 토사우루스가 살았던 시기는 중생대 백악기 중기였습니다. 화석은 주로 아프리카 대륙 북부 지역에서 발견되었지요. 이 공룡은 덩치에 어울리지 않게 무리지어 사냥을 했던 것으로 알려져 있습니다. 워낙 힘이 세고 사나워 어떤 상대든 먹잇감으로 삼기 어렵지 않았으나, 동물의 사체도 먹어치웠을 것으로 보입니다. 즉, 카르카로돈토사우루스는 최고의 포식자 가운데 하나였으며, 중생대 생태계의 유능한 청소부 역할도 훌륭히 해냈던 것입니다.

- **분류** 동물계 〉 용반목 〉 수각류
- **살았던 시대** 중생대 백악기 중기
- **크기** 몸길이 9~13미터, 몸무게 4~8톤
- **이름의 뜻** 상어이빨 도마뱀
- **먹이** 포유류, 초식공룡, 육식공룡, 동물의 사체 등 육식

사우롤로푸스

Saurolophus

중생대 백악기 후기에 살았던 초식공룡입니다. 화석은 주로 몽골 고비사막과 북아메리카에서 발견되었습니다. 사우롤로푸스는 물이 많은 곳에서 살았던 것으로 추정되는데, 주요 서식지였던 고비사막은 당시만 해도 각종 식물이 우거진 습지였습니다. 그곳에서 식물의 열매와 잎 등을 먹고 살았던 것이지요. 사우롤로푸스의 겉모습은 육식동물과 차이점이 많았습니다. 우선 입이 오리 주둥이처럼 생겼으며 턱 안쪽에 수백 개의 이빨이 모인 치판을 갖고 있었지요. 그것으로 먹잇감인 식물을 잘게 씹어 먹었던 것입니다. 또한 사우롤로푸스는 이름의 의미가 '볏이 있는 도마뱀'이라는 것에서 보듯 뒤통수 쪽에 볏 모양의 돌기가 있었습니다. 이 볏이 콧속의 빈 공간인 비강과 연결되어 소리를 크게 내는 역할을 했던 것으로 추측하는 학자들이 많지요. 약 15센티미터 크기인 이 볏을 이용해 커다란 울음소리를 내는 방식으로 동료들에게 위험을 전하거나 짝짓기 때 이성을 유혹했다고 보는 것입니다. 사우롤로푸스는 몸길이가 10~14미터쯤 되는 대형 초식공룡입니다. 몸무게 역시 그에 걸맞게 4~6톤에 달했지요. 네 발로 걷기도 했지만, 뒷다리로만 서서 이동하는 경우도 흔했습니다. 또한 학자들에 따라서는 발가락 사이에 물갈퀴 모양의 막이 있어 헤엄도 잘 쳤을 것이라고 주장합니다.

- **분류**: 동물계 〉 조반목 〉 조각류
- **살았던 시대**: 중생대 백악기 후기
- **크기**: 몸길이 10~14미터, 몸무게 4~6톤
- **이름의 뜻**: 볏이 있는 도마뱀
- **먹이**: 식물의 열매, 잎, 풀 등 초식

친타오사우루스   Tsintaosaurus

중국 산둥반도 남부에 친타오[靑島]라는 도시가 있습니다. 중국에서 4번째로 큰 항구도시로서, 해양성 기후의 특성을 가져 여름에는 시원하고 겨울에는 따뜻한 지역이지요. 지난 1958년 이곳에서 발견된 공룡 화석이 바로 친타오사우루스입니다. 친타오사우루스는 지구상에 중생대 백악기 후기에 살았습니다. 몸길이 10~11미터, 몸무게 3~4톤의 대형 초식공룡이지요. 그 이름은 화석이 발견된 지명을 넣어 '친타오 도마뱀' 이라는 뜻을 담고 있습니다. 주로 아시아 대륙에서 서식했던 것으로 추정되지요. 이 공룡의 가장 큰 특징으로는 머리에 난 커다란 돌기를 들 수 있습니다. 이 볏은 눈과 눈 사이 이마에 솟아 있는데, 그 모양이 마치 기다란 안테나처럼 보이며 끝부분은 양쪽으로 갈라졌지요. 그래서 친타오사우루스를 '유니콘사우루스' 라는 별명으로 부르기도 한답니다. 친타오사우루스의 볏은 단단한 뼈가 아닙니다. 따라서 이 볏이 공격 무기로 사용되었을 가능성은 별로 없지요. 볏의 용도에 관해서는 학자들마다 여러 가지 학설을 내놓고 있는데, 냄새를 맡는 데 이용되었을 것이라는 설과 소리를 내는데 사용되었을 것이라는 설 등이 있습니다. 또 일부에서는 짝짓기를 할 때 이성을 유혹하는 도구로 쓰였을 것이라는 주장을 펼치기도 하고요. 한편 친타오사우루스는 이동할 때 두 발, 또는 네 발을 모두 사용했을 것으로 판단됩니다.

분류 동물계〉조반목〉조각류	**살았던 시대** 중생대 백악기 후기	**크기** 몸길이 10~11미터, 몸무게 3~4톤
이름의 뜻 친타오 도마뱀	**먹이** 식물의 열매, 잎, 풀 등 초식	

무타부라사우루스

Muttaburrasaurus

공룡의 이름을 정할 때는 몇 가지 기준이 있습니다. 주로 겉모습의 특징이나 성격, 화석이 처음 발견된 지역명 등을 넣고는 하지요. 무타부라사우루스는 그 가운데 화석이 발견된 지역명이 사용된 경우입니다. 1963년 오스트레일리아 퀸즈랜드에 위치한 작은 마을 무타부라에서 최초의 공룡 화석이 발견되었는데, 그것이 다름 아닌 무타부라사우루스였지요. 즉, 이 공룡의 이름에는 '무타부라의 도마뱀' 이라는 의미가 담겨 있습니다. 무타부라사우루스는 중생대 백악기 전기에 살았습니다. 몸길이 7~10미터, 몸무게 3~4톤에 달했던 초식공룡이지요. 겉모습은 얼핏 이구아나를 닮은 공룡 이구아노돈(Iguanodon)처럼 보입니다. 기다란 목과 몸통, 그리고 꼬리의 형태가 비슷하기 때문이지요. 앞발에 크고 날카로운 발톱이 난 엄지발가락이 있는 것도 유사한 특징입니다. 하지만 이 공룡은 이구아노돈과 다른 점도 적지 않습니다. 특히 머리 구조에서 차이점이 발견되는데, 무타부라사우루스는 콧구멍이 큼지막한 코가 위쪽으로 솟아 있지요. 그와 같은 특징으로 미루어 후각이 발달했을 것으로 추측되며, 커다란 콧구멍이 울림통 역할을 해 동료들과 울음소리로 소통하는 데도 도움이 되었을 것으로 보입니다. 또한 이빨이 먹잇감을 잘게 씹는 것과 더불어 자르는 기능에도 적합한 특징이 있습니다.

분류 동물계 〉 조반목 〉 조각류
살았던 시대 중생대 백악기 전기
크기 몸길이 7~10미터, 몸무게 3~4톤
이름의 뜻 무타부라의 도마뱀
먹이 식물의 열매, 잎 등 초식. 일부 육식을 했을 것이라는 주장도 있음

갈리미무스

Gallimimus

타조를 닮은 오르니토미무스(Ornithomimus)의 일종으로, 그 중에서는 몸집이 가장 큰 공룡입니다. 몸길이 4~6미터, 몸무게 450킬로그램에 이르렀지요. 중생대 백악기 후기에 살았으며, 몽골 고비사막에서 화석이 발견되었습니다. 이름에는 '닭을 닮은 도마뱀'이라는 뜻이 담겨 있지요. 갈리미무스에게는 이렇다 할 공격 무기가 없었습니다. 따라서 적과 맞닥뜨릴 경우 달아나는 것이 최선의 방법이었지요. 다행히 이 공룡은 달리기 솜씨가 매우 뛰어났습니다. 몸매가 늘씬하고 뒷다리가 길어 시속 70킬로미터 이상의 속력을 냈으니까요. 게다가 뼈도 조류처럼 가벼운 형태였고요. 아마도 달리기 속도만 따지면 갈리미무스를 따라올 육식공룡이 거의 없었을 것입니다. 그 밖에도 갈리미무스의 겉모습은 순한 공룡의 이미지를 두루 갖추었습니다. 머리가 작고 목은 가늘었으며, 새의 부리같이 생긴 입에는 이빨이 없었지요. 모든 발가락의 발톱도 특별히 날카롭지 않았습니다. 하지만 몸에 비해 상대적으로 커다란 뇌를 갖고 있어 지능이 꽤 높았을 것으로 추측되지요. 먹잇감으로는 초식 생활과 더불어 작은 파충류나 곤충 등을 잡아먹었을 것으로 보입니다.

- **분류** 동물계 〉 용반목 〉 수각류
- **살았던 시대** 중생대 백악기 후기
- **크기** 몸길이 4~6미터, 몸무게 450킬로그램
- **이름의 뜻** 닭을 닮은 도마뱀
- **먹이** 식물의 열매 같은 초식 및 작은 파충류와 곤충 등

이구아노돈

Iguanodon

오늘날의 이구아나와 이빨이 닮아 이구아노돈이라고 불리는 공룡입니다. 이름에도 '이구아나의 이빨'이라는 뜻이 담겨 있지요. 이구아노돈은 1822년 일찍이 영국에서 화석이 발견되었습니다. 그 후 유럽을 비롯해 아프리카, 아시아, 북아메리카 등에서도 잇따라 화석이 발견되어 당시만 해도 낯설었던 공룡의 존재를 널리 알렸지요. 아마도 중생대 백악기 전기, 남극을 제외한 전 대륙에 걸쳐 서식했을 것으로 추정되는 공룡입니다. 이구아노돈은 몸길이 9~10미터, 몸무게 3~6톤의 거대 초식공룡입니다. 앞발에 5개와 뒷발에 3개의 발톱을 가졌는데, 그 중 앞발의 엄지발가락 발톱은 상당히 크고 뾰족했습니다. 그것은 육식공룡 등과 맞닥뜨렸을 때 방어 무기로 사용되었지요. 평소 이구아노돈은 무리지어 네 발로 걸어 다니며 나뭇잎과 열매 등을 따먹었습니다. 평평한 형태의 이빨은 그 같은 먹잇감을 짓이기는 데 편리했지요. 하지만 이구아노돈은 높은 나무 위의 열매를 먹을 때 두 발로 일어섰고, 적으로부터 달아날 때도 몸을 일으켜 두 발로 내달렸습니다. 그 때마다 크고 굵은 꼬리가 몸의 균형을 유지하는 중요한 역할을 했지요.

- **분류** 동물계 〉 조반목 〉 조각류
- **살았던 시대** 중생대 백악기 전기
- **크기** 몸길이 9~10미터, 몸무게 3~6톤
- **이름의 뜻** 이구아나의 이빨
- **먹이** 식물의 열매, 잎, 풀 등 초식

니게르사우루스

Nigersaurus

우리말로 '니제르사우루스' 라고도 읽는 공룡입니다. 1950년, 아프리카 사하라사막의 남쪽 니제르에서 처음 화석이 발견되었지요. 중생대 백악기 전기에 서식했으며, 이름은 '니게르 도마뱀' 이라는 뜻을 담고 있습니다. 니게르사우루스는 네 발로 걸어 다녔던 초식공룡입니다. 몸길이 8~9미터, 몸무게 10~12톤가량 되어 몸집이 상당히 컸지요. 그렇지만 뼈가 가늘고 약해 몸이 그다지 튼튼하지는 못했을 것으로 짐작됩니다. 이 점은 다른 공룡과 맞서 싸울 때 치명적인 약점으로 작용했지요. 아니, 자신의 커다란 몸을 지탱하는 것만 해도 적지 않은 문제점을 나타냈으리라 여겨집니다. 니게르사우루스의 가장 큰 특징은 두개골의 모양입니다. 주둥이가 넓게 퍼져 있는 독특한 형태는 다른 공룡들에게서 찾아보기 어렵지요. 니게르사우루스는 이 주둥이를 이용해 땅 위의 식물들을 흡입하듯 빠르게 훑어먹었을 것으로 추측됩니다. 또한 대부분의 이빨이 일직선으로 나열되어 있으며, 그 수가 무려 500여 개에 달했다는 것도 놀라운 사실입니다. 그 중에는 예비 이빨이 10여 개 있어, 만약의 사고로 이빨이 상했을 때 새로운 이빨을 돋아나게 했습니다.

- **분류** 동물계 〉 용강목 〉 용각류
- **살았던 시대** 중생대 백악기 전기
- **크기** 몸길이 8~9미터, 몸무게 10~12톤
- **이름의 뜻** 니게르 도마뱀
- **먹이** 식물의 잎, 풀 등 초식

센트로사우루스 — Centrosaurus

오늘날의 코뿔소와 닮아 보이는 초식공룡입니다. 뿔이 있는 공룡이라 '각룡'으로 분류되지요. 이름에는 '가운데 도마뱀'이라는 의미가 담겨 있는데, 두개골 중앙 코 부분에 하나의 뿔이 우뚝 솟아 그렇게 불리게 된 것으로 보입니다. 센트로사우루스는 몸길이 5~6미터, 몸무게 3톤 남짓에 땅딸막한 체형을 가졌습니다. 짧고 튼튼한 네 다리가 무거운 몸을 지탱하며, 몸통 역시 짧고 둥글어 매우 견고한 분위기를 자아내지요. 이 공룡의 몸에서 특히 주목할 부분은 머리입니다. 우선 길이만 해도 1미터에 이를 만큼 크고, 이미 설명한 것과 같이 날카로운 뿔이 앞쪽을 향해 뻗어 있습니다. 그뿐 아니라 눈 위에도 뿔이 돌출했으며, 프릴에도 이빨 같은 작은 뿔들이 빙 둘러 돋아 있습니다. 여기서 프릴이란 각룡의 두개골 주위에 방패처럼 둘러쳐진 뼈 구조를 말합니다. 원래는 주름을 잡아 물결 모양으로 만든 옷 가장자리의 장식을 일컫는 용어지요. 또한 주둥이는 커다란 몸과 어울리지 않게 새의 부리처럼 생겨 더욱 눈길을 끕니다. 지금까지 센트로사우루스의 화석은 북아메리카 대륙에서 발견되었습니다. 많은 화석이 한꺼번에 나온 것으로 미루어 집단생활을 했을 것으로 판단되며, 지구상에 서식했던 시기는 중생대 백악기 후기였습니다.

- **분류**: 동물계 > 조반목 > 각룡류
- **살았던 시대**: 중생대 백악기 후기
- **크기**: 몸길이 5~6미터, 몸무게 3톤 남짓
- **이름의 뜻**: 가운데 도마뱀
- **먹이**: 식물의 열매, 잎, 풀 등 초식

하드로사우루스   Hadrosaurus

많은 초식공룡들이 그렇듯 하드로사우루스도 성질이 온순했습니다. 몸길이 8~11미터에 몸무게가 7톤 정도 나갔던 커다란 공룡이지만 다른 종을 괴롭히거나 먹잇감으로 삼지는 않았습니다. 주로 식물의 나뭇잎과 열매, 씨앗 등을 먹고 살았을 뿐이지요. 지구상에 하드로사우루스가 살았던 시기는 중생대 백악기 후기였습니다. 다시 말해 약 8000만 년 전에서 7000만 년 전까지 생존했지요. 이름에는 '튼튼한 도마뱀' 이라는 의미가 담겨 있습니다. 화석은 미국에서 발견되었고요. 하드로사우루스의 겉모습은 이구아노돈(Iguanodon)과 유사한 면이 있습니다. 평소에는 네 발로 걸었지만 위급한 상황이 닥치면 두 발로 빠르게 달렸지요. 어느 경우든 꼬리는 바닥에 끌리는 법이 거의 없도록 하며 몸의 균형을 잡았습니다. 아울러 입 부분이 넓적하여 오리 주둥이처럼 생겼는데, 그 위에 불룩하게 뼈가 솟아 있었습니다. 하지만 볏이라고 할 만한 특징적인 모습은 보이지 않았지요. 입 안에는 작은 이빨들이 줄지어 나 있어 식물들을 씹어 먹는 데 적합했습니다. 한편 하드로사우루스는 '하돈필드의 도마뱀' 으로 불리기도 합니다. 그 이유는 첫 화석이 미국 뉴저지주 하돈필드에서 발견되었기 때문입니다.

분류	동물계 〉 조반목 〉 조각류	살았던 시대	중생대 백악기 후기	크기	몸길이 8~11미터, 몸무게 7톤 안팎
이름의뜻	튼튼한 도마뱀	먹이	식물의 열매, 잎, 씨앗 등 초식		

미크로케라투스

Microceratus

각룡은 대부분 몸집이 크고 움직임이 빠르지 못했습니다. 그런데 미크로케라투스는 그와 같은 각룡의 일반적인 특징과 거리가 멀었지요. 이 공룡의 몸길이는 60~70센티미터 정도에 불과했습니다. 몸무게도 100킬로그램 안팎이었을 것으로 짐작되고요. 미크로케라투스는 각룡 중에서 가장 작은 종으로 알려져 있습니다. 하지만 미크로케라투스는 매우 날쌔게 움직이는 장점을 지녔습니다. 날카로운 뿔이나 발톱 같은 변변한 방어 무기가 하나도 없었기 때문에, 뛰어난 달리기 솜씨가 자신을 보호하는 유일한 수단이었지요. 유난히 정강이뼈가 길어 속력을 내는 데 도움이 되었을 것으로 추정됩니다. 아울러 앵무새 부리 모양의 입을 가진 특징이 있으며, 이름에는 '작은 뿔 얼굴' 이라는 의미가 담겨 있습니다. 원래 미크로케라투스는 미크로케라톱스(Microceratops)로 불렸습니다. 하지만 같은 학명을 가진 곤충이 있어 미크로케라투스로 수정되었지요. 이 공룡이 지구상에 살았던 때는 중생대 백악기 후기였고, 화석은 몽골과 중국에서 발견되었습니다.

- **분류**: 동물계 〉 조반목 〉 각룡류
- **살았던 시대**: 중생대 백악기 후기
- **먹이**: 식물의 열매, 잎, 풀 등 초식
- **이름의 뜻**: 작은 뿔 얼굴
- **크기**: 몸길이 60~70센티미터, 몸무게 100킬로그램 안팎

스테고사우루스

Stegosaurus

등에 뿔이 나 있는 형태의 공룡을 '검룡'이라고 합니다. 스테고사우루스는 몸집이 가장 큰 검룡으로 알려져 있지요. 몸길이 5~9미터에, 몸무게는 대략 2톤에 이르렀습니다. 중생대 쥐라기 후기에 서식했고, 화석은 북아메리카 대륙에서 발견되었지요. 이름에는 '지붕을 가진 도마 뱀'이라는 의미가 담겨 있는데, 특히 '스테고'란 '등줄기를 따라 나 있는 골판'을 가리키는 말입니다. 이 골판이 바로 스테고사우루스의 가장 큰 특징이라고 할 수 있지요. 스테고사우루스의 골판은 10~11쌍의 오각형 모양으로, 등 한복판에 위치한 것이 제일 크며 머리와 꼬리 쪽으로 갈수록 약간씩 작아지는 형태입니다. 이것의 기능으로는 적과 맞닥뜨렸을 때 고슴도치처럼 몸을 웅크려 방어 무기로 사용했다는 설과 표면의 혈관을 이용한 체온 조절용이었다는 설 등이 있습니다. 또한 스테고사우루스의 꼬리에는 2쌍의 뼈가 기다란 창 모양으로 뾰족하게 솟아 있는데, 공격 무기로 사용되었을 것으로 짐작됩니다. 천적이 나타나면 꼬리를 휘둘러 저항했던 것이지요. 그 밖에 스테고사우루스의 또다른 특징으로는 작은 머리와 기다란 뒷다리를 손꼽을 수 있습니다. 주로 네 발로 걸어 다녔던 스테고사우루스는 그와 같은 구조 때문에 머리 높이가 꼬리보다 낮은 경우가 많았지요. 그래서 주요 먹잇감도 낮은 곳의 수풀과 관목이었을 것으로 추측됩니다.

분류	동물계 〉 조반목 〉 검룡류	살았던 시대	중생대 쥐라기 후기	크기	몸길이 5~9미터, 몸무게 2톤 안팎
이름의 뜻	지붕을 가진 도마뱀	먹이	낮은 곳의 수풀과 관목 등 초식		

코리토사우루스   Corythosaurus

이름에 '모자 도마뱀'이라는 의미를 담고 있는 공룡입니다. 머리에 부채 모양의 둥근 볏이 있어 붙여진 이름인데, 고대 그리스의 코린토스인들이 쓰고 다니던 모자 장식이 그것과 닮았다고 전해지지요. 코리토사우루스는 지구상에 중생대 백악기 후기에 살았습니다. 화석은 북아메리카 대륙에서 발견되었지요. 몸길이 10~13미터, 몸무게 5톤에 달하는 조각류 초식공룡입니다. 겉모습에서 우선 눈에 띄는 특징은 앞서 말한 부채 모양의 둥근 볏인데, 그 속이 텅 비어 있어 울림통 역할을 했기 때문에 의사소통에 이용되었을 것으로 판단됩니다. 즉 이 공룡의 볏이 콧구멍을 비롯해 목과 연결되어 있어 숨을 쉬게 되면 상황에 따라 높낮이가 다른 독특한 소리를 냈던 것이지요. 그 소리는 때로 동료들에게 위험을 알리는 신호였고, 때로는 이성을 유혹하는 수단으로 사용되었습니다. 그 밖에 코리토사우루스의 또 다른 특징은 입 모양이 오리 주둥이처럼 생겼다는 점입니다. 그 안에는 작은 이빨들이 줄지어 나 있어 먹잇감을 씹는 데 도움이 되었지요. 이 공룡은 식물의 잎과 열매 등을 즐겨 먹었는데, 많은 이빨 덕분에 질긴 식물도 너끈히 씹어 먹을 수 있었습니다.

- **분류** 동물계 〉 조반목 〉 조각류
- **살았던 시대** 중생대 백악기 후기
- **크기** 몸길이 10~13미터, 몸무게 5톤 안팎
- **이름의 뜻** 모자 도마뱀
- **먹이** 식물의 열매, 잎, 풀 등 초식

오우라노사우루스

Ouranosaurus

대체적으로 이구아노돈(Iguanodon)의 형태를 띤 공룡입니다. 앞발의 엄지발가락 부분도 꽤 닮았지요. 하지만 다른 점도 적지 않은데, 우선 오우라노사우루스는 입 모양이 오리 주둥이처럼 납작했습니다. 그런 점은 오히려 하드로사우루스(Hadrosaurus)와 비슷하지요. 아울러 이 공룡은 등에 돛 모양의 척추 돌기가 솟아 있었습니다. 그 높이는 어깨 쪽의 긴 것이 1미터쯤 되었으며 평균 50센티미터 정도였는데, 많은 혈관이 모여 있어 체온 조절에 이용되었을 것으로 짐작됩니다. 지구상에 오우라노사우루스가 살았던 때는 중생대 백악기 전기였습니다. 화석은 아프리카 사하라사막에서 발견되었지요. 이름은 '용감한 도마뱀' 이라는 의미를 갖고 있습니다. 몸길이는 7~8미터 정도였고, 몸무게는 4톤 안팎이었습니다. 주로 강이나 호숫가 등에 서식했던 것으로 추정되는데, 입 모양으로 미루어 그곳의 물가에 자라는 식물들을 즐겨 먹었을 것으로 판단됩니다. 오우라노사우루스는 집단생활을 했던 공룡입니다. 뒷다리 근육이 발달되어 천적과 맞닥뜨리면 빠른 속도로 달아날수 있었습니다.

- **분류** 동물계 > 조반목 > 조각류
- **살았던 시대** 중생대 백악기 전기
- **크기** 몸길이 7~8미터, 몸무게 4톤 안팎
- **이름의 뜻** 용감한 도마뱀
- **먹이** 강변이나 호숫가의 식물 등 초식

람베오사우루스

Lambeosaurus

람베오사우루스는 중생대 백악기 후기에 살았던 초식공룡입니다. 화석은 미국과 캐나다에서 발견되었지요. 람베오사우루스라는 이름은 '람베의 도마뱀' 이라는 뜻을 담고 있습니다. 이 공룡의 화석을 발견한 캐나다인 로렌스 람베를 기념하기 위해 그와 같은 이름을 붙였지요. 람베오사우루스의 몸길이는 대부분 9~10미터, 몸무게는 4톤가량 되었습니다. 드물게 그보다 몇 미터쯤 컸을 것으로 추정되는 화석이 발견되기도 했지요. 그런데 이 공룡의 특징이라면 뭐니 뭐니 해도 머리 위에 난 커다란 볏을 이야기해야 합니다. 람베오사우루스의 볏은 특이하게 두 부분으로 나뉘어 있습니다. 두 눈 사이에서 튀어나와 앞쪽을 향한 볏은 도끼날과 같은 모습이고, 등 쪽으로 뻗은 볏은 뾰족한 꼬챙이 같은 형태입니다. 그럼 람베오사우루스의 볏은 어떤 역할을 했을까요? 이 궁금증에 대해서는 여러 가지 학설이 있는데, 이성을 유혹하는 데 이용했거나 소리를 내는 울림통으로 쓰였을 것이라는 설이 일반적입니다. 볏의 모양은 성별에 따라 달랐고, 새끼에서 성장할수록 점점 커졌을 것으로 짐작됩니다. 아울러 람베오사우루스의 넓적한 입은 작은 이빨들이 발달해 먹잇감인 각종 식물을 씹어 먹기 편리했습니다.

- **분류**: 동물계 〉 조반목 〉 조각류
- **살았던 시대**: 중생대 백악기 후기
- **크기**: 몸길이 9~10미터, 몸무게 4톤 안팎
- **이름의 뜻**: 람베의 도마뱀
- **먹이**: 식물의 열매, 잎, 풀 등 초식

브라키오사우루스 — Brachiosaurus

[아기공룡 둘리]라는 만화영화를 본 적 있는지요? 거기서 주인공 둘리의 엄마로 나오는 공룡이 다름 아닌 브라키오사우루스입니다. 이 공룡은 엄청난 몸집을 가졌던 초식공룡이지요. 몸길이 25~28미터에 몸무게도 40~50톤에 달했다니 그 크기가 쉽게 상상이 가지 않을 정도입니다. 브라키오사우루스는 중생대 쥐라기 후기에 서식했으며, 화석은 북아메리카와 아프리카 대륙에서 발견되었습니다. 거대 공룡 브라키오 사우루스의 특징이라면, 우선 뒷다리보다 긴 앞다리를 이야기할 수 있습니다. 대부분의 공룡들은 짧은 앞다리와 근육질의 기다란 뒷다리를 가졌지요. 하지만 신기하게도 이 공룡은 앞다리가 더 길어 빠르게 달리는 데는 불편이 따랐을 것으로 보입니다. 바로 그와 같은 겉모습 때문에 '팔 도마뱀' 이라는 의미의 이름이 붙여진 것이지요. 브라키오사우루스의 또 다른 특징은 기다란 목입니다. 그 길이가 무려 12~16미터에 달해 높은 곳에 위치한 먹이를 따먹기에는 더할 나위 없이 좋았습니다. 이 공룡의 주식은 나뭇잎 등이었는데, 거대한 몸집을 유지하려면 하루에 2톤 남짓한 양을 먹어치워야 했지요. 브라키오사우루스의 성격은 온순했습니다. 그렇지만 다른 공룡들이 만만히 볼 수는 없었지요. 워낙 덩치가 커서 아무리 난폭한 육식공룡이라 해도 섣불리 공격하기는 어려웠습니다.

- **분류**: 동물계 〉 용반목 〉 용각류
- **살았던 시대**: 중생대 쥐라기 후기
- **크기**: 몸길이 25~28미터, 몸무게 40~50톤
- **이름의 뜻**: 팔 도마뱀
- **먹이**: 식물의 열매, 잎 등 초식

트리케라톱스

Triceratops

'3개의 뿔을 가진 얼굴' 트리케라톱스의 이름에는 이와 같은 뜻이 담겨 있습니다. 실제로 이 공룡은 머리 부분에 3개의 뿔을 가졌는데, 이마에 2개의 기다란 뿔과 코 위에 짧은 뿔 하나가 있었지요. 그 크기는 이마의 뿔이 1미터 안팎이었으며, 코 위의 뿔은 20센티미터쯤 되었습니다. 이 공룡의 몸길이는 6~9미터 정도였는데, 이마의 뿔 길이를 포함하면 머리 크기가 전체 몸길이의 3분의 1을 차지할 만큼 컸지요. 더구나 넓은 프릴까지 목을 감싼 형태라 머리 크기는 더욱 커 보였습니다. 몸무게는 6톤이 훌쩍 넘었고요. 지구상에 트리케라톱스가 살았던 시기는 중생대 백악기 후기였습니다. 화석은 북아메리카에서 발견되었지요. 이 공룡의 또 다른 특징은 입이 앵무새 부리처럼 생겼다는 점입니다. 그 안에 찢거나 씹기보다는 자르기에 적합한 구조의 이빨이 나 있어 낮은 곳의 다양한 식물들을 먹잇감으로 삼았습니다. 또한 네 발에는 발굽이 발달되어 험한 길을 다니기에 편리했지요. 첫눈에 느껴지는 트리케라톱스의 이미지는 용맹한 코뿔소 같습니다. 그러나 초식공룡답게 무리지어 살며 웬만해서는 다른 공룡들을 해치지 않았지요. 다만 육식공룡 등이 공격해올 때는 크고 굵은 뿔을 앞세워 맹렬히 돌진해 자신을 보호했습니다.

분류	동물계 〉 조반목 〉 각룡류
살았던 시대	중생대 백악기 후기
크기	몸길이 6~9미터, 몸무게 6톤
이름의 뜻	3개의 뿔을 가진 얼굴
먹이	식물의 열매, 잎, 풀 등 초식

파라사우롤로푸스

Parasaurolophus

중생대 백악기 후기에 살았던 공룡입니다. 화석은 북아메리카 대륙에서 발견되었지요. 파라사우롤로푸스라는 이름에는 '유사 볏 도마뱀'이라는 뜻이 담겨 있습니다. 즉 볏과 비슷한 돌출부가 있는 도마뱀이라는 의미지요. 일종의 볏이라고 할 수 있는 파라사우롤로푸스의 돌출부는 머리 뒤쪽으로 길게 뻗어 있습니다. 마치 휘어진 파이프처럼 생겼으며 끝부분이 둥글게 마무리된 모습이지요. 길이는 2미터 가까이 되어, 10미터쯤 되는 전체 몸길이와 비교해 꽤 기다란 형태입니다. 이 공룡의 몸무게는 4톤 안팎이었지요. 파라사우롤로푸스의 기다란 볏은 속이텅 비어 콧구멍으로 연결되어 있었습니다. 따라서 숨을 불어넣으면 울림통 역할을 해 여러 가지 음량의 소리를 만들어낼 수 있었을 것으로 보입니다. 그것은 동료끼리 의사소통을 하는 데 도움이 되었고, 짝짓기 때는 이성을 유혹하는 수단으로도 쓰였을 것입니다. 또한 수컷의 볏이 더 큰 것으로 미루어 자신을 과시하는 용도로도 사용되었을 가능성이 있습니다. 그 밖에 파라사우롤로푸스는 오리 주둥이처럼 넓적한 모양의 입을 가진 것도 중요한 특징입니다. 그 안에 작은 이빨들이 나 있어 다양한 식물을 씹어 먹는 데 도움이 되었습니다.

분류	동물계 〉 조반목 〉 조각류	살았던 시대	중생대 백악기 후기	크기	몸길이 10미터, 몸무게 4톤 안팎
이름의 뜻	유사 볏 도마뱀	먹이	식물의 열매, 잎, 풀 등 초식		

헤테로돈토사우루스 Heterodontosaurus

중생대 쥐라기 전기에 서식했던 조각류 공룡입니다. 1962년 남아프리카공화국에서 화석이 발견되었지요. 몸길이 1~1.5미터, 몸무게 15~20 킬로그램에 불과해 초식공룡 가운데 아주 작은 축에 속했습니다. 헤테로돈토사우루스의 이름에는 '서로 다른 용도의 이빨을 가진 도마뱀' 이라는 의미가 담겨 있습니다. 말 그대로 이 공룡의 입에는 3가지 형태의 이빨이 존재했지요. 특히 수컷이 그와 같은 형태를 띠었는데 앞니와 어금니, 송곳니가 그것입니다. 우선 뾰족하고 작은 앞니는 나뭇잎이나 풀 따위를 잡아 뜯는 역할을 했습니다. 다음에 입 안쪽의 어금니가 그 먹이를 씹어 잘게 짓이겼지요. 마지막으로 송곳니는 먹이를 먹을 때가 아니라 다른 수컷들과 경쟁하는 경우에 사용되었을 것으로 판단됩니다. 즉 싸움의 무기나 자신의 힘을 과시하는 용도로 쓰였던 것이지요. 그에 비해 암컷은 송곳니가 발달하지 않았습니다. 그 밖에 헤테로돈토사우루스는 주둥이 끝이 새의 부리처럼 뾰족했습니다. 또한 정강이뼈가 길어 달리기 솜씨가 꽤 빨랐을 것으로 짐작됩니다. 앞발가락도 길어 먹잇감 등을 잡기 편리했습니다.

분류 동물계 〉 조반목 〉 조각류	**살았던 시대** 중생대 쥐라기 초기	**크기** 몸길이 1~1.5미터, 몸무게 15~20킬로그램
이름의 뜻 서로 다른 용도의 이빨을 가진 도마뱀	**먹이** 식물의 열매, 잎, 풀 등 초식	

파키케팔로사우루스 Pachycephalosaurus

한마디로 박치기 왕이라고 설명할 수 있는 공룡입니다. 머리에 두께 20~25센티미터에 달하는 뼈가 덮여 있어 강력한 박치기 솜씨를 뽐냈지요. 게다가 뇌의 크기는 달걀만 해 자신은 박치기의 충격을 별로 받지 않는 구조였습니다. 만약 뇌가 컸다면 지능은 발달했을지 몰라도 머리가 충돌할 때 뇌세포가 파괴될 가능성이 훨씬 높았겠지요. 파키케팔로사우루스의 머리는 마치 헬멧을 쓴 것처럼 단단했습니다. 그래서 만약 적이 나타나면 한달음에 내달려 박치기를 해버렸지요. 때로는 자기들끼리 머리를 맞부딪치며 영역 다툼을 벌이기도 했습니다. 마치 산양들이 서로 뿔을 부딪쳐가며 싸우는 것처럼 말이지요. 이 공룡은 척추가 뻣뻣하게 일직선으로 뻗어 박치기를 할 때 더 많은 위력을 발휘했습니다. 또한 머리와 주둥이를 빙 둘러 혹 같은 돌기가 있었는데, 이것은 공격 무기라기보다 먹잇감을 파내는 데 쓰였을 것으로 짐작됩니다. 지구상에 파키케팔로사우루스가 서식했던 시기는 중생대 백악기 후기였습니다. 화석은 북아메리카 대륙에서 발견되었으며, 이름에는 '머리가 두꺼운 도마뱀'이라는 의미가 담겨 있지요. 몸길이 4~5미터, 몸무게 500킬로그램~1톤 정도였던 초식공룡입니다.

- **분류** 동물계 〉 조반목 〉 각룡류
- **살았던 시대** 중생대 백악기 후기
- **크기** 몸길이 4~5미터, 몸무게 500킬로그램~1톤
- **이름의 뜻** 머리가 두꺼운 도마뱀
- **먹이** 식물의 열매, 잎, 풀 등 초식

에이니오사우루스

Einiosaurus

앞서 코뿔소와 닮은 각룡 센트로사우루스(Centrosaurus)에 대해 살펴보았습니다. 이 공룡은 두개골 중앙 코 부분에 하나의 뿔이 우뚝 솟아 있었지요. 뿔의 모습은 일직선으로 뻗어 앞부분이 살짝 휘어진 날카로운 형태였습니다. 그것은 자신을 방어하기 위한 무기로 매우 효과적이었지요. 에이니오사우루스는 전체적인 모습이 센트로사우루스와 닮았습니다. 특히 코 위에 뿔이 솟아 있는 점까지 같았지요. 그런데 그 형태는 전혀 달랐습니다. 에이니오사우루스의 뿔은 지나칠 만큼 아래쪽으로 휘어 있었지요. 겉모습을 보아서는 공격 무기로 이용하기에 그다지 위력적이지 못했을 것으로 판단됩니다. 그 밖에도 에이니오사우루스는 목덜미 뒤쪽에 한 쌍의 가시 모양 뿔이 뾰족하게 돋아난 특징이 있었습니다. 그 주변으로는 작은 돌기가 삐죽삐죽 솟아 있었고요. 에이니오사우루스는 중생대 백악기 후기에 살았던 초식공룡입니다. 앵무새 부리 모양의 주둥이 안에 식물을 씹어 으깨는 데 알맞은 이빨을 갖고 있었지요. 이 공룡은 몸길이 6미터에 몸무게가 2톤 안팎이었습니다. 화석은 미국에서 발견되었고, 이름에는 '들소 도마뱀' 이라는 뜻이 담겨 있습니다.

- **분류** 동물계 〉 조반목 〉 각룡류
- **살았던 시대** 중생대 백악기 후기
- **크기** 몸길이 6미터, 몸무게 2톤
- **이름의 뜻** 들소 도마뱀
- **먹이** 식물의 열매, 잎, 풀 등 초식

에드몬토니아 — Edmontonia

온몸에 갑옷을 두른 듯한 초식공룡입니다. 아무리 사나운 육식공룡이라도 쉽게 공격할 수 없는 몸의 구조를 가졌지요. 이 공룡의 가장 큰 특징이자 최선의 방어 무기는 머리와 등을 전체적으로 감쌌던 골판입니다. 그 덕분에 에드몬토니아는 천적으로부터 공격받을 때 몸을 낮게 웅크려 가장 취약한 부분인 배를 보호할 수 있었습니다. 다리가 짧고 몸이 납작한 형태라 재빨리 그와 같은 자세를 취하는 것이 가능했지요. 그러면 탱크처럼 단단한 모습이 되어 어지간한 공격에는 끄떡하지 않았습니다. 그런데 에드몬토니아에게 방어 무기만 있었던 것은 아닙니다. 이 공룡의 등과 꼬리에는 날카로운 골침이 잔뜩 나 있었지요. 특히 양쪽 어깨에는 각각 4개의 커다란 골침이 솟아 있어 적을 물리치거나 같은 종족끼리 경쟁할 때 사용되었을 것으로 보입니다. 에드몬토니아가 지구상에 살았던 시기는 중생대 백악기 후기였습니다. 화석은 북아메리카 일대에서 발견되었고, 이름에는 캐나다 에드몬톤에서 최초의 화석이 나와 '에드몬톤의 공룡' 이라는 의미를 담았지요. 몸의 형태로 미루어 주요 먹잇감은 지면에서 높지 않은 곳에 있는 각종 식물이었을 것으로 생각됩니다. 에드몬토니아의 몸길이는 6~7미터, 몸무게는 3~4 톤이었습니다.

- **분류** 동물계 > 조반목 > 곡룡류
- **살았던 시대** 중생대 백악기 후기
- **크기** 몸길이 6~7미터, 몸무게 3~4톤
- **이름의 뜻** 에드몬톤의 공룡
- **먹이** 높지 않은 곳에 위치한 식물의 열매, 잎, 풀 등 초식

조바리아 — Jobaria

지난 2007년 전라남도 해남에 위치한 공룡박물관에 새로운 공룡 화석 2점이 전시되었습니다. 그 주인공은 다름 아닌 조바리아였지요. 이 공룡 화석은 세계에서 세 번째, 국내에서는 처음으로 공개되는 희귀품이었습니다. 조바리아는 중생대 백악기 후기에 살았던 초식공룡입니다. 화석은 아프리카 니제르에서 발견되었지요. 몸길이 20~21미터, 몸무게 18~20톤에 이르러 몸집이 상당히 거대했습니다. 얼핏 겉모습이 닮아 보이는 몸길이 25~28미터, 몸무게 40~50톤인 브라키오사우루스(Brachiosaurus)보다는 작았지만 말이지요. 조바리아는 네 다리의 길이 차이가 별로 없었으며, 12개의 뼈로 구성된 제법 기다란 형태의 목을 갖고 있었습니다. 아울러 이빨이 주걱 모양으로 생겨 나뭇잎이나 풀따위를 한꺼번에 훑기 편리했을 것으로 짐작됩니다. 참고로, 조바리아의 영문 표기는 언어권에 따라 '요바리아'로 읽히기도 합니다. 그 이름은 아프리카에서 전해져 내려오는 전설 속 동물 '조바르(Jobar)'에서 따온 것입니다.

- **분류** 동물계 〉 용반목 〉 용각류
- **살았던 시대** 중생대 백악기 후기
- **크기** 몸길이 20~21미터, 몸무게 18~20톤
- **이름의 뜻** 조바르(아프리카의 전설 속 동물)
- **먹이** 식물의 열매, 잎, 풀 등 초식

네도케라톱스

Nedoceratops

중생대 백악기 후기에 서식했던 초식공룡입니다. 화석은 북아메리카에서 발견되었으며, 이름에는 '2개의 뿔을 가진 얼굴' 이라는 의미가 담겨 있습니다. 일부 학자들은 디케라투스(Diceratus), 디케라톱스(Diceratops)라고 부르기도 합니다. 네도케라톱스는 '3개의 뿔을 가진 얼굴' 트리케라톱스(Triceratops)와 적잖이 닮아 보입니다. 특히 커다란 머리와 앵무새 부리를 닮은 입, 프릴의 모습 등이 그렇지요. 하지만 꼼꼼히 살펴보면 차이점이 많습니다. 무엇보다 네도케라톱스는 코 부분에 뿔이 없고 둥그런 뿌리 자리만 구별됩니다. 이름에 담긴 뜻이 서로 다른 것만 봐도 알 수 있는 사실이지요. 이마에 난 2개의 뿔도 앞을 향하기보다는 거의 수직으로 세워져 트리케라톱스와 전혀 다른 형태 입니다. 네도케라톱스는 발굽이 발달해 거친 수풀을 헤치거나 돌밭을 다니기에 편리했습니다. 몸의 무게중심이 낮고 두개골이 단단해 육식 공룡들이 함부로 대하기 어려웠지요. 네도케라톱스도 트리케라톱스처럼 무리지어 생활하며 지면과 가까운 곳의 식물을 먹잇감으로 삼았습니다. 몸길이 8~9미터, 몸무게 5~8톤 정도로 몸집 역시 트리케라톱스와 비슷했습니다.

- **분류**: 동물계 〉 조반목 〉 각룡류
- **살았던 시대**: 중생대 백악기 후기
- **크기**: 몸길이 8~9미터, 몸무게 5~8톤
- **이름의 뜻**: 2개의 뿔을 가진 얼굴
- **먹이**: 식물의 열매, 잎, 풀 등 초식

스티라코사우루스 Styracosaurus

전체적인 몸의 형태가 트리케라톱스(Triceratops)를 닮은 초식공룡입니다. 그러나 몸집이 작고, 뿔의 개수와 모습도 달랐지요. 우선 코뿔이 하나씩 있다는 점은 두 종류의 공룡이 같지만 그 크기는 차이가 났습니다. 트리케라톱스의 코뿔이 20센티미터 길이인데 비해 스티라코사우루스의 코뿔은 60센티미터나 됐지요. 그리고 트리케라톱스의 이마에 2개의 뿔이 난 것과 달리 스티라코사우루스는 같은 자리에 뿔이 없었습니다. 그 대신 프릴 주위에 6개의 뾰족한 뿔이 둥그렇게 돋아 있었지요. 그 길이는 다양했는데, 코뿔에 견줄 만큼 기다란 것도 있었습니다. 그와 같은 이유로 학자들은 '긴 가시를 가진 도마뱀'이라는 의미를 담아 스티라코사우루스라고 이름을 지었던 것입니다. 이 공룡에게 여러 개의 날카로운 뿔은 육식공룡의 공격을 막는 훌륭한 방어 무기가 되어주었습니다. 특히 수컷의 뿔이 화려해 때로는 암컷을 유혹하는 수단이자, 다른 수컷과 경쟁하는 도구로도 쓰였을 것입니다. 지구상에 스티라코사우루스가 살았던 시기는 중생대 백악기 후기였습니다. 화석은 북아메리카 대륙에서 발견되었고, 한꺼번에 여러 마리의 화석이 나오는 점으로 미루어 집단생활을 했을 것으로 판단됩니다. 몸길이는 5미터, 몸무게는 3톤 정도였습니다.

분류 동물계 〉 조반목 〉 각룡류	**살았던 시대** 중생대 백악기 후기	**크기** 몸길이 5미터, 몸무게 3톤
이름의 뜻 긴 가시를 가진 도마뱀	**먹이** 식물의 열매, 잎, 풀 등 초식	

안킬로사우루스

Ankylosaurus

안킬로사우루스는 최강의 방어 무기를 가졌던 공룡입니다. 몸의 대부분이 단단한 골판으로 뒤덮여 있었지요. 두꺼운 두개골과 등, 꼬리에 온통 갑옷을 뒤집어쓴 모습이라 일단 몸을 웅크리기만 하면 어떤 육식공룡도 쉽게 공격할 수가 없었습니다. 아니, 오히려 섣불리 공격했다가는 반격을 당하기 십상이었지요. 왜냐하면 이 공룡의 꼬리 끝에는 철퇴 같은 모양의 강력한 공격 무기가 달려 있었기 때문입니다. 이것은 뼈조직이 융합되어 생긴 것인데, 상대를 향해 휘두르면 그 위력이 어마어마해 아무리 큰 육식공룡이라도 다리뼈가 으스러졌습니다. 하지만 그와 같은 몸의 구조가 먹잇감을 구하는 데는 장애가 되는 면이 있었습니다. 단단한 갑옷 때문에 목을 자유롭게 쳐들기 어려웠고, 네 다리도 짧아 높은 곳에 위치한 나뭇잎이나 열매는 따먹을 수가 없었지요. 게다가 이빨도 작고 약해 질긴 식물을 잘게 부수기보다는 통째로 삼키는 경우가 많았습니다. 이름에 '융합된 도마뱀'이라는 뜻을 가진 안킬로사우루스가 살았던 시기는 중생대 백악기 후기였습니다. 북아메리카 대륙에서 화석이 발견되었는데, 주변의 지질 상태 등으로 미루어 공룡 대멸종 때까지 생존했던 종으로 짐작됩니다. 크기는 몸길이 4~6미터, 몸무게 3~5톤 정도였습니다.

분류 동물계 〉 조반목 〉 곡룡류	**살았던 시대** 중생대 백악기 후기	**크기** 몸길이 4~6미터, 몸무게 3~5톤
이름의 뜻 융합된 도마뱀	**먹이** 높지 않은 곳에 위치한 식물의 열매, 잎, 풀 등 초식	

미크로파키케팔로사우루스 Micropachycephalosaurus

이 공룡은 앞서 살펴본 파키케팔로사우루스(Pachycephalosaurus)의 축소판이라고 할 만합니다. 파키케팔로사우루스의 크기가 몸길이 4~5미터, 몸무게 500킬로그램~1톤이었던 것과 비교해 미크로파키케팔로사우루스는 몸길이 1미터 남짓, 몸무게 10~15킬로그램으로 훨씬 작았지요. 전체 공룡 중에서도 매우 작은 축에 속했던 초식공룡입니다. 하지만 '머리가 두꺼운 도마뱀'이라는 뜻이 담긴 파키케팔로사우루스라는 이름이 그대로 사용된 까닭은 분명히 있습니다. 이 공룡 역시 두개골이 상당히 단단했기 때문이지요. 따라서 작은 몸집에 비해 박치기 솜씨가 뛰어났던 미크로파키케팔로사우루스의 이름에는 '작고 두꺼운 머리를 가진 도마뱀'이라는 의미가 담겨 있는 것입니다. 지구상에 미크로파키케팔로사우루스가 살았던 때는 중생대 백악기 후기였습니다. 화석은 중국에서 발견되었지요. 뒷다리가 길고 꼬리가 발달해 빠르게 달릴 수 있었으며, 부드러운 식물을 즐겨 먹었을 것으로 추정됩니다.

- **분류** 동물계 〉 조반목 〉 각룡류
- **살았던 시대** 중생대 백악기 후기
- **크기** 몸길이 1미터, 몸무게 10~15킬로그램
- **이름의 뜻** 작고 두꺼운 머리를 가진 도마뱀
- **먹이** 식물의 열매, 잎, 풀 등 초식

펠로네우스테스

Peloneustes

펠로네우스테스는 중생대 쥐라기 후기에 살았던 해양파충류입니다. 주로 유럽 대륙에서 화석이 발견되었지요. 그 이름에 '진흙에서 헤엄친다' 라는 뜻이 담겨 있습니다. 몸통의 형태는 빠르게 헤엄치기에 좋은 유선형입니다. 여기서 유선형이란, 물이나 공기의 저항을 덜 받게 앞부분은 곡선이고 뒤쪽으로 갈수록 점점 뾰족하게 변해가는 모습을 말합니다. 비행기를 떠올리면 그 의미를 쉽게 이해할 수 있습니다. 펠로네우스테스는 대략 3미터 정도의 크기였습니다. 몸통에 비해 머리가 컸고, 악어처럼 기다란 주둥이에 단단한 이빨이 발달했지요. 커다랗고 튼튼한 4개의 지느러미발도 갖고 있었고요. 앞지느러미발을 활짝 펼치면 마치 새가 날갯짓을 하는 것같이 보일 정도였습니다. 또한 그다지 길어 보이지 않는 목인데도 20개가 넘는 목뼈를 가져 부드럽게 방향을 바꾸거나 주위를 살피는 데 도움이 되었지요. 그런 겉모습으로 미루어 이 공룡은 육식을 즐겼다는 것을 짐작할 수 있습니다. 실제로 펠로네우스테스는 암모나이트를 비롯해 각종 물고기와 오징어 따위를 잡아 먹으며 생활했습니다. 참고로, 암모나이트는 고생대 후기에 등장해 중생대 바다에서 번성했던 무척추동물입니다.

- **분류**: 동물계 〉 해양파충류 〉 수장룡
- **살았던 시대**: 중생대 쥐라기 후기
- **크기**: 몸길이 3미터 안팎
- **이름의 뜻**: 진흙에서 헤엄친다
- **먹이**: 암모나이트, 물고기, 오징어 등 육식

오프탈모사우루스 Ophthalmosaurus

커다란 눈이 매우 인상적인 어룡입니다. 그래서인지 이름에도 '눈 도마뱀'이라는 뜻이 담겨 있다고 합니다. 눈의 지름이 무려 10센티미터가 훌쩍 넘는 왕눈이지요. 게다가 눈 주위를 단단한 뼈가 둥그렇게 감싸고 있어 바다 속에서도 높은 수압을 견뎌내는 것이 가능했습니다. 비록 깊은 바다 속은 어두컴컴하기 때문에 주위를 살피는 것이 쉽지 않지만, 눈이 큰 만큼 시력도 꽤 좋았을 것으로 짐작됩니다. 오프탈모사우루스는 쥐라기 후기에 나타났습니다. 잉글랜드 지역에서 최초의 화석이 발견되었는데, 유럽과 아메리카 대륙 근방에 폭넓게 서식했던 것으로 알려져 있습니다. 몸길이는 3~4미터였고, 몸무게는 5000킬로그램에서 1톤 정도 되었지요. 또한 돌고래를 닮은 몸통의 형태가 유선형이라 바다 속을 헤엄치기에 적합했습니다. 주둥이 부분은 얼핏 청새치 같아 보이기도 하는데, 기다랗고 뾰족한 모습에 이빨이 발달하지 못했으나 강한 턱이 있어 육식을 하는 데 도움이 되었지요. 오프탈모사우루스는 주로 물고기와 오징어, 암모나이트 등을 먹고 살았습니다.

- **분류** 동물계 > 해양파충류 > 어룡
- **살았던 시대** 중생대 쥐라기 후기
- **크기** 몸길이 3~4미터, 몸무게 5000킬로그램~1톤
- **이름의 뜻** 눈 도마뱀
- **먹이** 물고기, 오징어, 암모나이트 등 육식

글로비덴스

Globidens

중생대 백악기 후기에 살았던 모사사우루스과의 일종입니다. 그런데 글로비덴스는 같은 과의 다른 어룡들과 달리 강력한 이빨 구조를 가진 특징이 있지요. 모사사우루스과의 어룡들은 주로 물고기나 두족류 같은 부드럽고 미끌미끌한 생물을 주식으로 삼았습니다. 여기서 두족류는 오징어나 문어처럼 머리에 다리가 달려 있는 것과 같은 모양새의 연체동물을 일컫는 말입니다. 그런 생물을 잡아먹기 위해서는 원추형의 이빨을 갖고 있는 편이 유리하지요. 하지만 글로비덴스는 이빨의 모습이 같은 과의 어룡들과 전혀 달랐습니다. 마치 망치처럼 보이는 둥근 모양의 무딘 이빨이었지요. 그것은 암모나이트와 조개 등 단단한 껍질을 가진 생물을 깨부수어 먹잇감으로 삼기에 안성맞춤인 형태였습니다. 글로비덴스의 몸길이는 5.5~6미터 정도였습니다. 몸무게는 1~2톤쯤 되었지요. 머리 크기는 50센티미터 남짓 되었고요. 주로 유럽과 아프리카, 아메리카 대륙 근방에서 살았던 것으로 알려져 있습니다. 당시에는 오늘날과 달리 대서양이 굉장히 좁았고 아프리카와 남아메리카 대륙도 지금처럼 떨어져 있지 않아 활동 무대가 그와 같았으리라 생각됩니다. 글로비덴스는 공룡들의 대멸종 300만 년 전에 일찌감치 지구 상에서 사라졌습니다.

- **분류** 동물계 > 해양파충류 > 어룡
- **살았던 시대** 중생대 백악기 후기
- **크기** 몸길이 5.5~6미터, 몸무게 1~2톤
- **이름의 뜻** 둥근 이빨
- **먹이** 암모나이트, 조개류 등 육식

무라에노사우루스 — Muraenosaurus

중생대 쥐라기 후기에 나타났던 해양파충류입니다. 오늘날의 유럽 대륙 근방에서 백악기 후기까지 번성하였던 것으로 추측됩니다. 몸길이는 6미터가량 되었고, 두루미처럼 기다란 목에 몸통과 비교해 별로 크지 않은 직경 40센티미터 정도의 머리를 가졌습니다. 또한 견고해 보이는 입에는 날카로운 이빨이 돋아 물고기 등을 잡아먹기 편리했고, 폐로 호흡을 하는 여느 수장룡들처럼 커다란 허파를 가져 한꺼번에 많은 공기를 저장하는 것이 가능했습니다. 그 덕분에 무라에노사우루스는 육중한 몸집에도 불구하고 오랜 시간 바다 속을 헤엄쳐 다닐 수 있었지요. 한참 동안 커다란 허파에 담긴 공기를 거의 다 사용한 뒤에야 수면 위로 떠올라 새로운 공기를 들이마셨던 것입니다. 무라에노사우루스라는 이름에는 '바닷물고기 도마뱀' 이라는 의미가 담겨 있습니다. 실제로 이 어룡을 자세히 살펴보면 목과 머리, 꼬리 부분이 언뜻 도마 뱀을 닮았습니다. 그리고 몸통에는 굉장히 튼튼해 보이는 4개의 지느러미발이 나 있어, 바다 속을 빠르게 헤엄치는 데 큰 도움이 되었을 것이라 여겨집니다. 4개의 지느러미발 중 뒷지느러미발 2개가 앞지느러미발 2개에 비해 조금 작은 특징이 있습니다.

- **분류**: 동물계 〉 해양파충류 〉 수장룡
- **살았던 시대**: 중생대 쥐라기 후기
- **크기**: 몸길이 6미터 안팎
- **이름의 뜻**: 바닷물고기 도마뱀
- **먹이**: 각종 물고기 등 육식

스테노프테리기우스

Stenopterygius

오늘날 우리가 볼 수 있는 돌고래는 포유류로 분류됩니다. 어룡의 일종인 스테노프테리기우스는 몸통이 꼭 돌고래를 닮았지요. 비록 주둥이의 형태는 돌고래와 많이 달라 보이지만 말입니다. 그런데 스테노프테리기우스는 뼈의 구조 때문에 파충류로 분류됩니다. 즉 바다 속에서 생활하는 해양파충류에 속하지요. 그럼에도 번식을 할 때는 알 대신 새끼를 낳았습니다. 이 어룡의 경우 주요 활동 무대였던 유럽 대륙 근방에서 몸속에 새끼가 든 화석이 발견되기도 했지요. 다시 말해 상어처럼 난태생을 했던 것인데, 이것은 수정된 알을 몸속에서 부화시켜 새끼로 출산하는 번식 방법을 일컫습니다. 스테노프테리기우스는 쥐라기 전기부터 지구상에 모습을 드러냈습니다. 그 이름에는 '좁은 지느러미발' 이라는 의미가 담겨 있지요. 몸길이는 2~3미터 정도이며, 몸 구조가 유선형이라 바다 속을 헤엄쳐 다니기에 적합했습니다. 등에는 삼각형 모양의 등지느러미가 솟아 있었지요. 이크티오사우루스(Ichthyosaurus)와 비슷하게 생겨 착각하기 쉽지만, 스테노프테리기우스의 두개골이 조금 작고 지느러미발의 폭도 좁습니다. 주요 먹이는 각종 물고기와 두족류였던 것으로 알려져 있습니다.

분류 동물계 > 해양파충류 > 어룡
살았던 시대 중생대 쥐라기 전기~중기
크기 몸길이 2~3미터
이름의 뜻 좁은 지느러미발
먹이 물고기, 두족류 등 육식

틸로사우루스

Tylosaurus

중생대 백악기 후기에 살았던 해양파충류로 도마뱀과 비슷한 모습입니다. 틸로사우루스는 모사사우루스과의 일종인데, 몸길이가 10~15미터에 달할 정도로 거대했습니다. 두개골의 크기만 해도 대략 1.8미터가량 되었지요. 아울러 단단한 턱에는 작지만 강한 원뿔 모양의 이빨들이 가지런히 나 있었습니다. 그와 같은 이빨 구조로 미루어 먹잇감을 씹기보다는 통째로 삼켰던 것으로 짐작되지요. 또한 틸로사우루스는 몸통에 야무지게 생긴 4개의 지느러미발이 있는데다 아주 기다란 꼬리지느러미까지 갖춰 바다 속을 빠르게 헤엄쳐 다니기에 더할 나위 없이 유리한 조건이었습니다. 꼬리지느러미를 좌우로 움직이면 유선형의 몸통에 더욱 가속력이 붙었던 것이지요. '무리를 짓는 도마뱀'이라는 의미를 가진 틸로사우루스의 화석들은 주로 북유럽과 미국에서 발견되었습니다. 그 화석들을 연구한 결과 틸로사우루스가 다양한 바다 생물을 먹잇감으로 삼았던 것을 확인할 수 있었지요. 위장 위치의 화석을 살펴보니 각종 물고기와 두족류, 조개류를 비롯해 바다거북과 바다새 등의 흔적까지 발견되었던 것입니다. 틸로사우루스는 그야말로 해양 생태계 최고의 포식자였다고 할 만합니다.

- **분류** 동물계 〉 해양파충류 〉 유린목
- **살았던 시대** 중생대 백악기 후기
- **크기** 몸길이 10~15미터
- **이름의 뜻** 무리를 짓는 도마뱀
- **먹이** 물고기, 두족류, 조개류, 바다거북, 바다새 등 육식

엘라스모사우루스

Elasmosaurus

엘라스모사우루스는 중생대 백악기 후기에 살았으며, 몸길이가 13~16미터에 이릅니다. 그 중 목의 길이가 몸통의 절반을 넘는 8미터나 됩니다. 심지어 일부 학자들은 목의 길이가 몸통 길이의 2배가 넘는 부류도 있었다고 주장합니다. 더구나 목뼈의 수만 해도 76개에 달해 어느 방향으로든 자유롭게 목을 움직이는 것이 가능했습니다. 그것은 큰 장점으로 위험을 알아채거나 먹잇감을 발견하는 데 도움이 되었지요. 엘라스모사우루스는 수장룡 가운데 가장 긴 목을 가진 동물로 알려져 있으며, 머리가 작고 4개의 지느러미발이 물갈퀴 역할을 했기 때문에 바다 속을 헤엄치기에 적합했습니다. 엘라스모사우루스라는 이름에는 '장갑 도마뱀'이라는 뜻이 담겨 있습니다. 마치 뱀처럼 보이는 머리 부분의 입에는 날카로운 이빨이 가지런히 나 있어 각종 바다 생물들을 잡아먹는 데 편리했습니다. 그뿐 아니라 수면 아래로 몸을 숨기고 있다가 기다란 목을 쭉 뻗어 낮게 날아가는 새나 작은 익룡 등을 잡아먹기도 했지요. 엘라스모사우루스의 화석은 지금까지 미국과 일본에서 발견되었으며, 연구 결과 여느 어룡들처럼 새끼를 낳아 번식했던 것으로 판단됩니다.

- **분류** 동물계 〉 해양파충류 〉 수장룡
- **살았던 시대** 중생대 백악기 후기
- **크기** 몸길이 13~16미터
- **이름의 뜻** 장갑 도마뱀
- **먹이** 물고기, 두족류, 익룡 등 육식

믹소사우루스

Mixosaurus

약 2억 3000만 년 전, 중생대 트라이아스기 중기에 살았던 어룡입니다. 주로 아시아와 북아메리카 대륙에서 화석이 발견되지만, 거의 전 세계 곳곳에서 그 흔적을 찾을 수 있을 정도로 활동 범위가 넓었지요. 믹소사우루스라는 이름은 '혼합 도마뱀' 또는 '잡종 도마뱀'이라는 의미를 담고 있습니다. 어룡의 초기 품종인 믹소사우루스는 몸길이가 1미터에 불과할 만큼 작았습니다. 전체적으로 상어와 비슷한 생김새에 주둥이에는 날카로운 원추형의 이빨이 나 있었지요. 또한 짤막한 4개의 지느러미발을 가졌고, 등에는 등지느러미가 솟은 모습이었습니다. 그 중에서 믹소사우루스의 특징을 하나 더 꼽자면 꼬리지느러미가 일직선으로 뾰족하게 뻗어 있다는 점입니다. 그런 형태로 미루어 이 어룡은 수심이 깊은 먼 바다보다 육지와 가까운 연안에 살았을 것으로 추측됩니다. 믹소사우루스는 각종 물고기와 오징어 등을 즐겨 먹었습니다. 강한 지느러미발과 꼬리지느러미를 이용해 바다 속을 헤엄치며 먹잇감을 사냥했지요. 또한 믹소사우루스는 새끼를 낳아 번식했는데, 뱃속에 7마리의 새끼를 임신한 상태의 화석이 발견되기도 했습니다.

- **분류** 동물계 〉 해양파충류 〉 어룡
- **살았던 시대** 중생대 트라이아스기 중기
- **크기** 몸길이 1미터 안팎
- **이름의 뜻** 혼합 도마뱀 또는 잡종 도마뱀
- **먹이** 물고기, 오징어 등 육식

쇼니사우루스

Shonisaurus

1920년 미국 네바다주에서 처음 화석이 발견된 어룡입니다. 중생대 트라이아스기 후기에 살았으며, 이름에는 '쇼쇼니산(Shoshoni Mountain)의 도마뱀' 이라는 의미가 담겨 있습니다. 주요 활동 무대는 북아메리카 대륙 근방이었던 것으로 판단됩니다. 무엇보다 쇼니사우루스는 거대한 몸집으로 눈길을 끕니다. 몸길이가 무려 15~25미터에 달해 지구 역사상 가장 커다란 어룡으로 평가받습니다. 몸무게도 엄청나 약 25~45톤에 이를 정도였다고 합니다. 작은 이빨들이 나 있는 기다랗고 뾰족한 주둥이 길이만 해도 3미터나 될 정도인데, 그다지 크지 않은 물고기나 두족류를 대량으로 잡아먹으며 살았으리라 짐작됩니다. 쇼니사우루스의 몸통은 고래와 비슷하고, 꼬리는 물고기의 꼬리지느러미 처럼 생겼습니다. 몸통에는 지느러미발이 앞뒤로 한 쌍씩 붙어 있는데, 초기에 등장한 어룡들이 그렇듯 그 크기가 같습니다. 또한 전체 몸길이를 대략 머리와 목, 몸통, 꼬리로 3등분 할 수 있으며 등지느러미가 솟아 있다는 점도 주목할 만합니다. 아울러 눈 주위에 이중으로 된 뼈가 있어, 깊은 바다 속에서 수압 때문에 눈이 망가지는 것을 방지했습니다.

- **분류**: 동물계 〉 해양파충류 〉 어룡
- **살았던 시대**: 중생대 트라이아스기 후기
- **크기**: 몸길이 15~25미터, 몸무게 25~45톤
- **이름의 뜻**: 쇼쇼니산의 도마뱀
- **먹이**: 물고기, 두족류 등 육식

이크티오사우루스

Ichthyosaurus

중생대 쥐라기에서 백악기에 걸쳐 살았던 어룡입니다. 영국, 스위스, 독일을 비롯한 유럽과 아메리카 대륙에서 화석이 발견되었습니다. 특히 독일의 홀츠마덴에서는 매우 잘 보존된 수백 점의 화석이 한꺼번에 발굴되기도 했습니다. 이크티오사우루스라는 이름에는 '물고기 도마뱀'이라는 뜻이 담겨 있습니다. 이 어룡은 각종 물고기와 오징어 등을 주요 먹이로 삼았습니다. 이크티오사우루스의 몸길이는 2미터 정도였습니다. 몸무게는 90킬로그램 안팎이었을 것으로 추측됩니다. 오늘날의 돌고래와 생김새가 비슷한데, 꼬리지느러미가 수직으로 되어 있다는 점이 다릅니다. 유선형의 몸통에는 4개의 지느러미발이 붙어 있어 쉽게 헤엄을 칠 수 있었고, 커다란 눈이 먹잇감을 찾는 데 도움이 되었습니다. 이크티오사우루스는 돌고래와 달리 귀뼈가 두개골과 분리되지 않은 형태라 음파를 듣지 못했을 것으로 보이기 때문에 커다란 눈의 좋은 시력이 아니었다면 생존에 큰 어려움을 겪었을 것이라 생각됩니다. 또한 기다란 주둥이에는 날카로운 이빨이 빼곡히 나 있으며, 코가 주둥이 위쪽에 있어 수면으로 올라가 폐로 숨을 쉬기 편리했습니다.

- **분류**: 동물계 〉 해양파충류 〉 어룡
- **살았던 시대**: 중생대 쥐라기~백악기 전기
- **먹이**: 물고기, 오징어 등 육식
- **이름의 뜻**: 물고기 도마뱀
- **크기**: 몸길이 2미터 안팎, 몸무게 90킬로그램 안팎

노토사우루스

Notosaurus

지금까지 노토사우루스의 화석은 영국, 스위스, 중국 등을 비롯해 아프리카 대륙에서 발견되었습니다. 주로 10여 마리가 한꺼번에 발견되어 집단생활을 했던 것으로 보이며, 몸길이는 1~4미터로 다양했지요. 몸무게는 완전히 성장한 것이 약 400킬로그램 정도 되었을 것으로 추측 됩니다. 노토사우루스는 얼핏 도마뱀의 모습과 비슷합니다. 머리가 작고 제법 길쭉한 목을 가졌으며, 유선형의 몸통에 이어 꼬리가 길게 뻗었지요. 특히 여느 어룡들과 다른 발의 생김새를 눈여겨볼 필요가 있는데, 노토사우루스는 지느러미발이라기보다 그냥 다리라고 할 만한 형태를 갖추었습니다. 게다가 그 다리에는 물갈퀴가 있어 육지와 바다 어느 곳에서나 자유롭게 생활할 수 있었지요. 아마도 오늘날의 물개나 바다표범처럼 육지와 바다를 오가며 살았을 가능성이 높습니다. 학자들의 연구 결과, 번식기에는 육지로 올라와 알을 낳았던 것으로 판단됩니다. 노토사우루스는 트라이아스기에 지구상에 존재했습니다. 그 이름에는 '가짜 도마뱀', '겉모습 도마뱀' 이라는 의미가 담겨 있습니다.

- **분류** 동물계 > 해양파충류 > 수장룡
- **살았던 시대** 중생대 트라이아스기
- **먹이** 물고기 등 육식
- **이름의 뜻** 가짜 도마뱀 또는 겉모습 도마뱀
- **크기** 몸길이 1~4미터, 몸무게 400킬로그램 안팎

크리프토클리두스

Cryptoclidus

크리프토클리두스는 플레시오사우루스(Plesiosaurus)에서 분화된 해양파충류입니다. 목이 긴 유형은 크리프토클리두스가 되었고, 목이 짧은 유형은 리오플레우로돈(Liopleurodon)이 되었지요. 크리프토클리두스는 중생대 쥐라기 후기에 지구상에 나타났고, 이름에 '감춰진 깃' 이라는 뜻을 담고 있습니다. 크리프토클리두스는 목이 상당히 길며, 머리 크기도 작지 않습니다. 단단해 보이는 턱에는 잘 발달된 이빨이 있어 다른 해양생물을 잡아먹으며 육식 생활을 하는 데 도움이 되었을 것으로 여겨집니다. 주요 먹잇감은 각종 물고기와 새우 등이었지요. 크리프토클리두스의 몸에서 가장 주목할 만한 부분은 4개의 지느러미발입니다. 모두 튼튼해 보이는데, 특히 앞지느러미발 2개는 길이가 길어 바다 속을 헤엄칠 때 큰 추진력을 발휘했을 것이라 생각됩니다. 물 위에서 크고 긴 노를 저으면 배를 빨리 나아갈 수 있게 하는 것과 같은 원리지요. 크리프토클리두스의 몸길이는 대략 4미터 안팎이었고, 화석이 주로 발견된 지역은 유럽 대륙입니다.

분류 동물계 > 해양파충류 > 수장룡 **살았던시대** 중생대 쥐라기 후기 **크기** 몸길이 4미터 안팎
이름의뜻 감춰진 깃 **먹이** 물고기, 새우 등 육식

아르켈론

Archelon

아르켈론은 중생대 백악기 후기에 살았던 거북의 일종입니다. 이름에 '원시 거북' 또는 '다스리는 거북' 이라는 뜻이 담겨 있지요. 오늘날의 바다거북과 비슷한 모습입니다. 이 거북의 크기는 3~5미터가량 됩니다. 몸무게는 2톤 가까이 됐을 것으로 추측되고요. 또한 두개골은 80센티미터 정도 되는데, 특이하게 입 부분이 새의 부리를 닮아 먹잇감을 찍어 파먹는 데 편리했습니다. 왜냐하면 아르켈론은 직접 사냥을 하기보다 죽은 해양 동물이나 해조류와 해파리처럼 물컹한 먹이를 즐겨 먹었기 때문입니다. 또한 아르켈론의 몸에는 4개의 지느러미가 있습니다. 이것은 원래 파충류의 다리와 같은 형태였으나, 주로 바다에서 생활을 하는 까닭에 수영을 하는 데 도움이 되는 지느러미 모양으로 변했지요. 실제로 이 거북은 알을 낳을 때를 빼고는 육지에 올라오는 일이 거의 없었습니다. 아르켈론은 바다 속을 헤엄칠 때 상대적으로 길이가 긴 앞지느러미를 주로 이용했습니다. 오늘날 아르켈론의 화석은 북아메리카 대륙에서 발견되고 있습니다. 아직 그 밖의 지역에서는 화석이 나오지 않아 생존 당시 활동 범위가 그리 넓지는 않았을 것으로 판단됩니다. 또한 몸통을 덮고 있는 커다란 등딱지 때문에 빨리 헤엄을 치거나 날렵하게 방향을 바꾸기도 어려웠을 것입니다.

- **분류** 동물계 〉 해양파충류 〉 거북
- **살았던 시대** 중생대 백악기 후기
- **크기** 몸길이 3~5미터, 몸무게 2톤 안팎
- **이름의 뜻** 원시 거북 또는 다스리는 거북
- **먹이** 죽은 해양 동물, 해조류, 해파리 등

플레시오사우루스

Plesiosaurus

중생대 쥐라기 전기에 모습을 나타냈던 해양파충류로, 몸길이가 3~5미터에 달했습니다. 이름에는 '파충류에 가깝다' 라는 뜻이 담겨 있지요. 화석은 주로 잉글랜드와 독일 근방에서 발견되었습니다. 흔히 플레시오사우루스를 일컬어 '뱀의 목이 붙어 있는 거북이' 라고 표현합니다. 실제 모습을 살펴보면 그 말을 실감할 수 있습니다. 작은 머리와 기다란 목, 짧은 꼬리, 두 쌍의 지느러미발, 그리고 유선형의 통통한 몸통을 갖추었기 때문입니다. 물론 거북이처럼 등딱지가 있는 것은 아니지만 몸통의 형태가 비슷하다는 의미입니다. 플레시오사우루스의 모습 가운데 무엇보다 눈길을 사로잡는 것은 기다란 목입니다. 목뼈의 수가 32개나 되어 어디로든 자유롭게 목을 움직이는 것이 가능했지요. 그런 특성은 먹잇감을 사냥하는 데 매우 편리하게 이용되었습니다. 하지만 플레시오사우루스의 목 길이가 엘라스모사우루스(Elasmosaurus)에 미치지는 못합니다. 엘라스모사우루스는 무려 8미터가 넘는 목을 가졌고, 목뼈의 수도 76개에 이르렀기 때문입니다. 한편 플레시오사우루스는 최초의 수장룡으로 인정받고 있습니다. 따라서 공룡 연구 초기에는 모든 수장룡이 플레시오사우루스속으로 분류되기도 했습니다.

분류	동물계 〉 해양파충류 〉 수장룡
살았던시대	중생대 쥐라기 전기
크기	몸길이 3~5미터
이름의뜻	파충류에 가깝다
먹이	물고기, 오징어 등 육식

모사사우루스

Mosasaurus

공룡 세계에서 육지의 최강 포식자는 티라노사우루스(Tyrannosaurus)였습니다. 워낙 덩치가 크고 성질이 사나워 다른 **공룡**들 사이에서도 공포의 대상이었지요. 그럼 공룡들 가운데 바다의 최강 포식자라고 부를 만한 것은 무엇일까요? 일부 다른 의견이 있지만, 많은 학자들은 모사사우루스를 바다의 최강 포식자로 손꼽는 데 주저하지 않습니다. 오죽하면 모사사우루스의 별명이 '바다의 티라노사우루스'일까요. 모사사우루스의 화석은 북아메리카 대륙과 네덜란드, 모로코 등에서 발견되었습니다. 중생대 백악기 후기에 살았지요. 몸집이 아주 커서 보통 10미터는 넘고, 약 20미터에 달하는 화석이 발견되기도 했습니다. 머리뼈는 도마뱀 또는 악어와 비슷하며 강한 턱과 원뿔 모양의 이빨을 갖추었지요. 눈은 작지 않았지만 시력은 그다지 좋지 않았을 것으로 추측됩니다. 또한 4개의 지느러미발이 있었으나 몸통에 비해 좀 작아 보이는 크기였습니다. 하지만 꼬리가 길어 몸을 좌우로 흔들면서 빠르게 헤엄치는 것이 가능했지요. 주로 물고기와 거북, 두족류를 비롯해 다른 어룡을 먹이로 삼았으며 심지어 자기보다 몸집이 작은 동족을 해치기도 했습니다. 모사사우루스라는 이름은 '뮤즈의 도마뱀'이라는 뜻을 갖고 있습니다. 화석이 발견되었던 곳 근처에 뮤즈 강이 있어 그와 같이 불리게 되었습니다.

분류 동물계 〉 해양파충류 〉 유린목
살았던시대 중생대 백악기 후기
크기 몸길이 10~20미터
이름의뜻 뮤즈의 도마뱀
먹이 물고기, 거북, 두족류, 어룡 등 육식

크로노사우루스

Kronosaurus

그리스신화에 크로노스(Kronos) 신이 등장합니다. 하늘의 신 우라노스와 대지의 여신 가이아의 자손으로 제우스 신의 아버지이기도 하지요. 거기서 유래한 중생대 백악기 전기 해양파충류의 이름이 바로 크로노사우루스입니다. 그 이름에는 '거대한 도마뱀'이라는 또 다른 의미도 담겨 있지요. 크로노사우루스는 몸길이가 9~15미터에 달했습니다. 몸무게도 6~10톤이나 되었지요. 4개의 지느러미발은 평범해 보이지만, 짤막한 꼬리는 근육이 매우 발달해 힘이 넘쳤습니다. 그런데 크로노사우루스의 특징이라면 뭐니 뭐니 해도 거대한 두개골을 이야기할 수 있습니다. 그 크기가 무려 2~4미터에 이르러 전체 몸길이의 25퍼센트 정도를 차지했지요. 게다가 목은 짧아 머리가 더욱 커 보였습니다. 크로노사우루스는 거대한 머리 크기에 비례해 턱도 무척 발달했습니다. 입이 크고 이빨이 날카로웠는데, 가지런히 나 있는 이빨 하나의 크기가 25센티미터에 달하기도 했지요. 따라서 어떤 먹잇감이라도 한번 물리면 치명상을 입을 수밖에 없었습니다. 오세아니아 대륙에서 화석이 발견되었는데, 위장 위치의 뼈를 분석해 보니 난폭해 보이는 겉모습과 어울리게 온갖 해양 생물들이 먹잇감으로 희생된 것을 알 수 있었다고 합니다.

- **분류**: 동물계 > 해양파충류 > 수장룡
- **살았던 시대**: 중생대 백악기 전기
- **크기**: 몸길이 9~15미터, 몸무게 6~10톤
- **이름의 뜻**: 거대한 도마뱀
- **먹이**: 물고기, 두족류, 어룡 등 육식

프로가노켈리스 Proganochelys

한마디로 프로가노켈리스는 모든 거북의 조상이라고 할 수 있습니다. 이름에 담긴 뜻도 '최초의 거북' 입니다. 독일과 태국을 중심으로 유럽과 아시아 대륙에서 화석이 발견되었습니다. 프로가노켈리스는 지구상에 중생대 트라이아스기 후기에 살았습니다. 몸길이 60센티미터 정도로, 여느 거북들과 마찬가지로 등딱지가 있으나 그다지 볼록한 형태는 아니었지요. 목은 길게 내밀거나 움츠리는 것이 가능했는데, 위쪽에 날카로운 돌기가 여러 개 솟은 것이 요즘 거북들과 달랐습니다. 또한 입에는 쓰임새가 많지 않은 몇 개의 이빨이 났고, 끝이 뭉툭한 꼬리가 있었습니다. 짧고 튼튼해 보이는 4개의 다리에는 뾰족한 발톱과 물갈퀴가 있어 땅을 기어 다니거나 헤엄을 치기에 적합했지요. 하지만 그 모양으로 미루어 짐작하건대 속력은 별로 빠르지 않았을 것입니다. 프로가노켈리스는 바다와 육지 어느 곳에서나 생명을 유지할 수 있었습니다. 그래서 주요 생활 지역이 해안가인 경우가 많았지요. 먹이도 식물의 연한 잎을 뜯어 먹거나, 작은 해양 생물을 잡아먹는 등 다양하게 섭취했습니다.

- **분류** 동물계 〉 해양파충류 〉 거북
- **살았던 시대** 중생대 트라이아스기 후기
- **크기** 몸길이 60센티미터
- **이름의 뜻** 최초의 거북
- **먹이** 식물의 연한 잎, 해조류, 작은 해양 생물 등 잡식

클리다스테스

Clidastes

이 해양파충류의 화석은 북아메리카 대륙에서 발견되었습니다. 중생대 백악기에 살았던 모사사우루스류로, 몸집이 작은 부류였지요. 현재까지 밝혀진 바로는 가장 큰 클리다스테스의 몸길이가 3미터 정도였습니다. 이름에는 '클리스의 열쇠' 라는 뜻이 담겨 있지요. 클리다스테스는 독특한 모습의 생명체였습니다. 우선 일반적인 어룡들과 달리 머리부터 꼬리까지 등줄기를 따라 등지느러미가 빼곡히 솟아 있었지요. 머리 쪽은 커다랗고 뒤로 갈수록 조금씩 작아지는 형태였는데, 삐죽삐죽한 모습이 왠지 위협감을 느끼게 했습니다. 기다란 꼬리까지 이어진 등지느러미는 얼핏 톱날처럼 보이기도 했지요. 그 밖에 클리다스테스의 다른 겉모습도 매우 강인해 보이는 특징을 두루 갖추었습니다. 날카로운 이빨이 가지런히 난 커다란 입과 매서운 눈, 그리고 뭉툭하면서도 짧은 목은 비록 몸집이 작아도 결코 만만히 보이지 않는 분위기를 자아 냈지요. 또한 4개의 지느러미발은 물갈퀴처럼 생겨 바다 속을 빠르게 헤엄치는 데 큰 도움이 되었습니다. 클리다스테스의 주요 먹잇감은 각종 물고기를 비롯해 작은 어룡들까지 꽤 다양했습니다.

분류	동물계 〉 해양파충류 〉 바다도마뱀	살았던 시대	중생대 백악기	크기	몸길이 3미터
이름의 뜻	클리스의 열쇠	먹이	물고기, 작은 어룡 등 육식		

케레시오사우루스

Ceresiosaurus

주로 바다에서 생활했던 해양파충류입니다. 그에 걸맞게 발가락 사이에 물갈퀴와 유사한 것이 붙어 있었지요. 게다가 유선형의 몸통과 부드럽고 힘 있게 움직일 수 있는 꼬리를 가져 헤엄을 잘 쳤습니다. 케레시오사우루스는 대부분의 시간을 바다 속에서 보내며 먹잇감을 사냥했지요. 땅 위로 올라오는 경우는 알을 낳을 때뿐이었다고 해도 틀린 말이 아닙니다. 그럼에도 이 공룡은 4개의 다리로 자신의 몸을 거뜬히 지탱할 수 있어 육지에서 이동하는 데 별 어려움이 없었습니다. 케레시오사우루스의 겉모습은 노토사우루스(Notosaurus)와 비슷해 보입니다. 머리가 작으며 목과 몸통, 꼬리가 기다란 형태지요. 입 안에는 작고 뾰족한 이빨이 줄지어 나 있었고요. 두 공룡의 차이점 중 하나를 꼽는다면, 케레시오사우루스의 뒷다리가 노토사우루스보다 길다는 것을 들 수 있습니다. 지구상에 케레시오사우루스가 살았던 시기는 중생대 트라이아스기 전기였습니다. 화석은 유럽 지역에서 발견되었지요. 크기는 몸길이 3~4미터, 몸무게 90킬로그램 안팎이었습니다. 이름에는 '치명적인 도마뱀' 이라는 뜻이 담겨 있고요.

- **분류** 동물계 〉 해양파충류 〉 수장룡
- **살았던 시대** 중생대 트라이아스기 전기
- **먹이** 물고기, 두족류 등 육식
- **이름의 뜻** 치명적인 도마뱀
- **크기** 몸길이 3~4미터, 몸무게 90킬로그램 안팎

심보스폰딜루스 Cymbospondylus

흔히 원시 어룡들은 복잡한 구조의 척추뼈를 갖고 있었습니다. 진화된 어룡은 오히려 원반 형태의 단순한 구조였지요. 따라서 중생대 트라이아스기 중기부터 후기까지 살았던 심보스폰딜루스 역시 척추뼈의 구조가 꽤 복잡한 형태였습니다. 심보스폰딜루스의 화석은 미국과 독일 등에서 발견되었습니다. 몸길이 6~10미터, 몸무게 약 4톤에 달해 제법 큰 어룡에 속하지요. 몸통에는 등지느러미가 없고, 주로 몸의 균형을 잡을 때 쓰였을 4개의 지느러미발이 있었습니다. 심보스폰딜루스는 마치 뱀장어처럼 보이는 기다란 꼬리를 갖고 있었는데, 지느러미발보다는 이것을 이용해 바다 속을 헤엄쳐 다녔습니다. 아울러 작지 않은 입을 가졌지만 이빨이 작아 그다지 큰 먹잇감은 사냥하지 못했을 것으로 추측됩니다. 심보스폰딜루스가 즐겨 먹었던 바다 생물은 각종 물고기와 암모나이트, 벨렘나이트 등으로 알려져 있습니다. 여기서 벨렘나이트란 고생대에서 중생대에 걸쳐 번성했던 일종의 두족류를 말합니다. 그 모습은 오징어와 비슷했습니다. 심보스폰딜루스의 이름에는 '작은 배의 척추' 라는 의미가 담겨 있습니다. 아마도 복잡한 구조의 척추뼈 때문에 붙여진 이름이 아닐까 생각됩니다.

분류	동물계 〉 해양파충류 〉 어룡
살았던 시대	중생대 트라이아스기 중기~후기
크기	몸길이 6~10미터, 몸무게 4톤 안팎
이름의 뜻	작은 배의 척추
먹이	물고기, 암모나이트, 벨렘나이트 등 육식

마크로플라타   Macroplata

플리오사우루스류(Pliosauroids)로, 영국에서 화석이 발견되었습니다. 지구상에 중생대 쥐라기 전기에 살았지요. 이름에는 '큰 판'이라는 의미가 담겨 있습니다. 마크로플라타는 몸길이가 약 4.5미터이며, 목이 아주 기다란 특징이 있습니다. 목이 전체 몸길이의 절반 정도를 차지하지요. 그래서 몸통을 제외하면 얼핏 뱀처럼 보이는데, 자그마하고 평평한 머리 구조와 매서운 눈의 모습도 그런 분위기를 자아냅니다. 긴 목에는 목뼈가 29개나 있어 먹잇감을 쫓아 재빨리 방향 전환을 하는 데 편리했지요. 하지만 이빨은 발달되지 않아 몸집이 크거나 단단한 바다 생물을 잡아먹지는 못했습니다. 작은 물고기와 물렁한 두족류 등이 주요 먹잇감이었지요. 마크로플라타의 몸통은 통통한 유선형이었습니다. 거기에 4개의 크지 않은 지느러미발과 짧은 꼬리가 붙어 있었지요. 따라서 꼬리를 좌우로 흔들거나 지느러미발들을 노처럼 휘휘 내저으며 바다 속을 헤엄치지는 않았으리라 짐작됩니다. 아마도 마크로플라타는 4개의 지느러미발을 위아래로 힘차게 움직여 몸을 움직였을 가능성이 높지요. 마치 새들이 날갯짓을 하는 것처럼 말입니다.

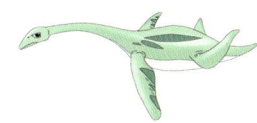

- **분류**: 동물계 〉 해양파충류 〉 수장룡
- **살았던 시대**: 중생대 쥐라기 전기
- **크기**: 몸길이 4.5미터 안팎
- **이름의 뜻**: 큰 판
- **먹이**: 물고기, 두족류 등 육식

메트리오린쿠스 — Metriorhynchus

오늘날의 악어와 비슷한 모습을 가진 해양파충류입니다. 중생대 쥐라기 중기에서 후기에 서식했으며, 화석은 유럽과 남아메리카 대륙에서 발견되었지요. 이름에 '적당한 주둥이' 라는 뜻이 담겨 있습니다. 메트리오린쿠스의 몸길이는 대략 3미터 정도였습니다. 유선형의 기다란 몸통에, 4개의 지느러미발과 삼각형 형태의 꼬리지느러미가 있었지요. 지느러미발은 앞쪽의 한 쌍보다 뒤쪽의 한 쌍이 더 컸습니다. 아마도 물갈퀴가 있는 이 지느러미발과 길고 튼튼한 꼬리를 이용해 바다 속을 힘차게 헤엄쳐 다녔으리라 생각됩니다. 메트리오린쿠스는 대부분의 시간을 바다에서 보냈지만 알을 낳기 위해서는 육지로 올라와야 했습니다. 이것은 상당 시간 육지로 모습을 드러내는 오늘날의 악어와 다른 점이지요. 또한 몸 표면이 매끄러운 것도 다른 점입니다. 메트리오린쿠스는 육지에 올라오면 마치 거북이처럼 지느러미발을 이용해 몸을 질질 끄는 등 물속에서와 달리 행동이 자유롭지 못했습니다. 메트리오린쿠스는 입을 크게 벌릴 수 있는데다 날카로운 원뿔형 이빨을 가져 사냥 실력이 뛰어났습니다. 암모나이트와 물고기, 작은 어룡을 비롯해 심지어 수면 위를 날아가는 익룡까지 바다에서 풀쩍 뛰어올라 잡아먹었다고 알려져 있습니다.

- **분류** 동물계 > 해양파충류 > 악어
- **살았던 시대** 중생대 쥐라기 중기~후기
- **크기** 몸길이 3미터 안팎
- **이름의 뜻** 적당한 주둥이
- **먹이** 물고기, 암모나이트, 작은 어룡과 익룡 등 육식

리오플레우로돈 Liopleurodon

중생대 쥐라기 중기에서 후기까지 살았던 해양파충류입니다. 주로 유럽 대륙 근방의 바다에서 서식했지요. 리오플레우로돈이라는 이름은 '매끈한 옆면을 가진 이빨'이라는 의미를 갖고 있습니다. 리오플레우로돈의 몸길이는 5~7미터였습니다. 몸무게는 500~700킬로그램 정도 나갔지요. 전체 몸길이에서 머리 길이가 1.5미터쯤 될 만큼 꽤 커다란 두개골을 가졌는데, 강력한 턱과 함께 짧고 굵은 목이 더욱 힘을 발휘하게 해 남다른 사냥 실력을 뽐냈습니다. 더구나 크고 날카로운 이빨이 빼곡하고 잘 발달된 후각을 갖춰 바다 속 최고의 포식자 중 하나로 손꼽혔지요. 각종 물고기와 두족류를 비롯해 작은 어룡들까지 닥치는 대로 잡아먹었을 것으로 보입니다. 리오플레우로돈은 머리에 비해 별로 크지 않은 유선형의 몸통을 가졌습니다. 그리고 제법 커다란 4개의 지느러미발이 있어 빠르게 헤엄쳐 다니기에 유리했지요. 물론 물속에서 최고의 속력을 낼 수 있는 구조는 아니었지만, 나름대로 먹잇감을 포획하고 생존하는 데는 큰 어려움이 없었을 것입니다.

- **분류**: 동물계 > 해양파충류 > 수장룡
- **살았던 시대**: 중생대 쥐라기 중기~후기
- **먹이**: 물고기, 두족류, 작은 어룡 등 육식
- **이름의 뜻**: 매끈한 옆면을 가진 이빨
- **크기**: 몸길이 5~7미터, 몸무게 500~700킬로그램

히보두스

Hybodus

원시 상어라고 할 수 있는 해양파충류입니다. 중생대 트라이아스기와 쥐라기에 걸쳐 서식했지요. '혹이 있는 이빨' 이라는 뜻의 이름이며, 유럽과 남아메리카 대륙에서 화석이 발견되었습니다. 히보두스의 몸길이는 2미터 남짓이었습니다. 몸무게는 300킬로그램쯤 되었고요. 전체적으로는 오늘날의 상어와 닮았지만, 이 원시 상어는 턱이 앞쪽으로 나와 있어 이미지가 좀 달라 보입니다. 수컷의 머리에는 한 쌍의 돌기가 솟은 특징도 있지요. 등지느러미 앞부분에도 자신의 몸을 방어하는 데 쓰였을 가시가 삐죽 돌출되었고요. 히보두스는 튼튼한 꼬리지느러미를 이용해 바다 속을 빠르게 헤엄쳐 다녔습니다. 그리고 물고기를 잡아먹거나, 무리를 지어 자기보다 커다란 어룡을 공격하기도 했지요. 히보두스는 두 가지 형태의 이빨을 갖고 있었는데, 이런 점도 사냥을 하는 데 도움이 되었습니다. 즉 날카로운 앞쪽 이빨로 먹잇감을 물고 찢은 뒤, 뭉툭한 형태의 뒤쪽 이빨로 부수고 으깨어 삼켰던 것입니다.

분류 동물계 〉 해양파충류 〉 상어
살았던 시대 중생대 트라이아스기~쥐라기
먹이 물고기, 두족류, 어룡 등 육식
이름의 뜻 혹이 있는 이빨
크기 몸길이 2미터 안팎, 몸무게 300킬로그램 안팎

에키오케라스 Echioceras

이것은 일반적인 어룡의 모습이 아닙니다. 유선형 몸통에 지느러미발이 있고, 날카로운 이빨 등을 갖춘 거대한 바다 생명체가 아니라는 것이지요. 에키오케라스는 암모나이트의 일종입니다. 중생대 쥐라기 전기에 서식했지요. 여기서 암모나이트에 대해 좀 더 자세히 알아볼 필요가 있습니다. 지금까지 밝혀진 암모나이트의 종류는 무려 1만여 종이나 됩니다. 크기도 2센티미터에서 3미터까지 아주 다양하지요. 하지만 일반적으로는 20~50센티미터 정도의 크기였습니다. 이들은 중생대 백악기에 멸종했는데, 오늘날 지층의 연대를 연구하는 데 중요한 역할을 하는 표준화석이 되고 있습니다. 에키오케라스는 중생대 암모나이트의 시초쯤 된다고 볼 수 있지요. 대부분의 암모나이트가 그렇듯, 에키오케라스도 단단한 껍질 속에 부드러운 몸체가 들어 있었습니다. 몸길이는 60~85센티미터, 몸무게는 150킬로그램 안팎이었고요. 에키오케라스는 자기가 가려는 방향과 반대쪽으로 힘껏 물을 내뿜으며 몸을 움직였습니다. 하지만 그 밖에 에키오케라스의 생태에 대해서는 별로 알려진 것이 없지요. 다만 여느 암모나이트처럼 바다에서 생활하며 작은 해양생물들을 잡아먹었을 것으로 추측됩니다. 물론 자신은 어룡 같은 해양파충류의 먹잇감이 되기도 했지만 말입니다.

- **분류** 동물계 〉 연체동물 〉 암모나이트
- **살았던 시대** 중생대 쥐라기~백악기
- **먹이** 작은 물고기 등 육식
- **크기** 몸길이 60~85센티미터, 몸무게 150킬로그램 안팎

프테라노돈   Pteranodon

중생대 하늘을 날아다녔던 파충류 프테라노돈은 날개를 완전히 펼칠 경우 그 폭이 7~8미터에 달했습니다. 그에 비해 몸무게는 20킬로그램 밖에 되지 않아 가벼웠지요. 따라서 큰 힘을 들이지 않고 자유롭게 하늘을 날아다녔으리라 짐작됩니다. 이름에 '이빨 없는 날개'라는 의미가 담긴 프테라노돈은 분명한 이유가 있을 때만 지상으로 내려왔습니다. 지친 날개를 쉬거나 짝짓기를 할 목적으로, 또는 둥지를 틀기 위해 땅에 내려섰지요. 물고기와 조개류 등 먹잇감을 구할 적에도 강이나 바다 위를 빙빙 맴돌다가 쏜살같이 낚아채곤 했습니다. 때로는 오랜 비행으로 지쳤을 때도 뒷다리의 발가락들을 이용해 박쥐처럼 나뭇가지나 바위에 매달려 쉴 만큼 조심성이 많았지요. 지상에는 육식공룡들이 자신을 노리고 있었으니까요. 프테라노돈은 앞다리의 네 번째 발가락이 발달해 날개의 지지대 역할을 했습니다. 그 밖에 세 발가락은 작은 갈고리처럼 생겼지요. 또한 프테라노돈은 머리 뒤쪽에 뾰족한 볏이 있었습니다. 그 길이가 90센티미터 가까울 정도였는데, 정확한 용도는 아직 밝혀지지 않았지요. 지구상에 프테라노돈이 살았던 때는 중생대 백악기 후기였습니다. 화석은 북아메리카와 유럽 대륙 일대에서 발견되었습니다.

- **분류**: 동물계 〉 익룡목 〉 프테로닥틸로이드류
- **살았던 시대**: 중생대 백악기 후기
- **먹이**: 물고기, 조개류 등 육식
- **이름의 뜻**: 이빨 없는 날개
- **크기**: 날개폭 7~8미터, 몸무게 20킬로그램

유디모르포돈

Eudimorphodon

초기 익룡 중 하나입니다. 이름에 '진짜 두 가지 모양의 이빨' 이라는 의미가 담겨 있지요. 그에 걸맞게 기다란 부리 안에 모두 110개에 이르는 두 가지 형태의 이빨이 나 있었는데, 커다란 부리 앞쪽 이빨과 자그마한 부리 안쪽 이빨로 구분되었습니다. 그 중 앞쪽에는 송곳니 모양의 날카로운 이빨이 부리 밖으로 튀어나올 만큼 발달되어 있어 미끄러운 비늘에 싸인 물고기를 잡는 데 적합했지요. 이 익룡은 유유히 하늘을 날다가 먹잇감을 발견하면 수면으로 곤두박질치듯 하강해 물고기 등을 낚아챘습니다. 그 밖에 유디모르포돈의 겉모습에서 보이는 또 다른 특징은 꼬리 끝에 뭉툭하게 생긴 돌기가 있다는 점입니다. 꼬리는 몸길이의 절반 정도를 차지하는 길이였는데, 하늘을 날아다닐 때 그 돌기가 방향을 잡는 역할을 했을 것으로 추정됩니다. 아울러 이 익룡은 날개에 3개의 발가락이 있었고, 부리 길이보다 짧은 목을 가졌던 점도 주요 특징입니다. 지구상에 유디모르포돈이 살았던 시기는 중생대 트라이아스기 후기였습니다. 화석은 유럽에서 발견되었지요. 날개폭 75 센티미터, 몸무게 2~3킬로그램 안팎의 소형 익룡으로 곤충들 천국이었던 중생대 하늘에 새로운 지배자로 등장했습니다.

분류	동물계 > 익룡목 > 람포린코이드류	살았던 시대	중생대 트라이아스기 후기	먹이	물고기, 곤충 등 육식
이름의 뜻	진짜 두 가지 모양의 이빨	크기	날개폭 75센티미터, 몸무게 2~3킬로그램		

오르니토데스무스 — Ornithodesmus

주둥이의 생김새만 보면 딱 오리 같다고 할 만한 익룡입니다. 아니, 오히려 오늘날의 오리보다 주둥이가 더욱 도드라지게 발달됐지요. 날개 폭이 5미터 남짓인데 주둥이 길이가 60센티미터 이상 되는 경우도 있었다니 눈에 띄는 겉모습이 아닐 수 없습니다. 따라서 원래 이 익룡의 이름에는 '새 연결'이라는 의미가 담겨 있지만, 흔히 '오리 주둥이 익룡'으로 불리기도 합니다. 오르니토데스무스가 지구상에 살았던 시기는 중생대 백악기 초기였습니다. 화석은 영국에서 발견되었지요. 갈매기처럼 바닷가의 깎아지른 듯한 바위 등에 서식했는데, 주요 먹잇감은 물고기였습니다. 주둥이 안에 날카로운 이빨이 있어 미끌미끌한 물고기를 사냥하는 데 어려움이 없었지요. 그 밖에 오르니토데스무스의 특징으로는 짧은 꼬리를 들 수 있습니다. 또한 몸통에 비해 주둥이를 포함한 머리 크기가 꽤 컸지만, 커다란 날개를 가져 하늘을 나는 데는 문제가 없었지요. 더구나 오르니토데스무스 등 많은 익룡들은 대기 중의 상승 기류를 이용하는 재주가 있었습니다.

분류 동물계 〉 익룡목 〉 프테로닥틸로이드류　　**살았던 시대** 중생대 백악기 초기　　**크기** 날개폭 5미터
이름의 뜻 새 연결　　**먹이** 물고기 등 육식

케아라닥틸루스

Cearadactylus

머리 길이와 몸길이가 비슷했던 익룡입니다. 머리는 기다란 주둥이가 대부분을 차지했으며, 꼬리는 아주 짧았지요. 날개폭은 4~5미터로 앞발이 붙어 있었고, 뒷발의 발가락은 4개였습니다. 케아라닥틸루스의 겉모습에서 가장 큰 특징을 손꼽는다면 뭐니 뭐니 해도 독특한 이빨의 생김새입니다. 이 익룡은 주둥이, 그러니까 부리 끝에 10여 개의 기다란 이빨들을 갖고 있었습니다. 안쪽으로는 그보다 작은 이빨들이 줄지어 돋아 있었고요. 그런데 앞쪽의 길게 구부러진 이빨들이 서로 어긋나 있는 형태라 위아래 주둥이를 완전히 다물 수가 없었습니다. 그 결과 한번 입에 문 물고기는 좀처럼 놓치는 법이 없었으나, 먹이를 잘게 씹기는 어려웠지요. 따라서 케아라닥틸루스는 먹잇감을 통째로 삼켜야 했으며, 그것이 불가능할 경우에는 날카로운 앞이빨들을 이용해 조금씩 뜯어 먹었습니다. 지구상에 케아라닥틸루스가 살았던 시기는 중생대 백악기 초기였습니다. 화석은 브라질에서 발견되었으며, 주로 바닷가 절벽에 서식했던 것으로 추정되지요. 이름에는 '시저의 손가락'이라는 뜻이 담겨 있습니다.

- **분류** 동물계 〉 익룡목 〉 프테로닥틸로이드류
- **살았던 시대** 중생대 백악기 초기
- **크기** 날개폭 4~5미터
- **이름의 뜻** 시저의 손가락
- **먹이** 물고기 등 육식

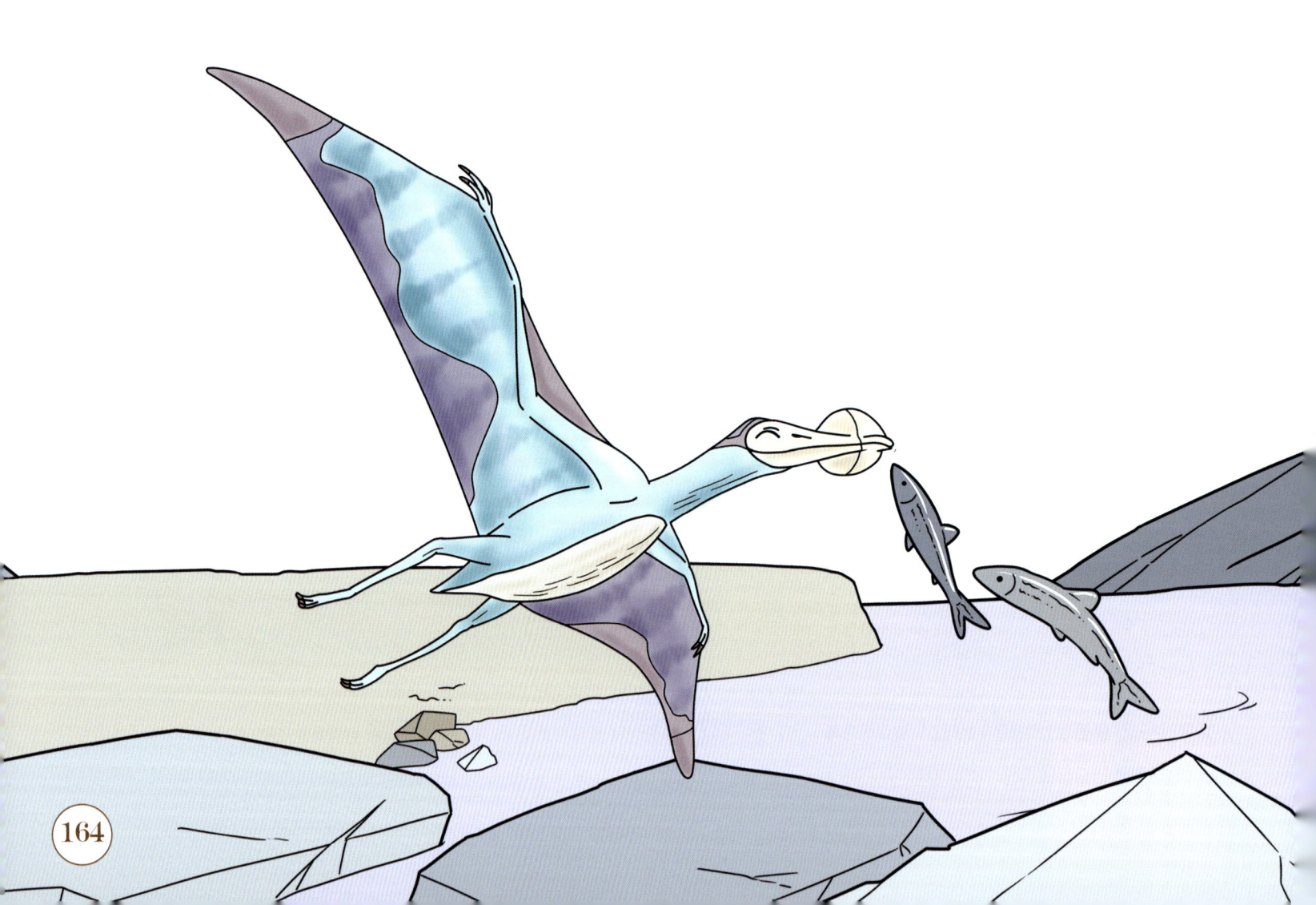

안항구에라

Anhanguera

일부 익룡을 살펴보면 머리와 몸집이 커서 어떻게 하늘을 날아다녔을지 궁금증이 생길 때가 있습니다. 물론 많은 익룡이 날개도 커서 비행 하는 데 문제가 없거나 상승 기류를 타는 재주를 가져 큰 힘 들이지 않고 하늘로 날아올랐지요. 그런데 여기에 덧붙여 한 가지 비밀이 더 있습니다. 그것은 바로 뼛속이 비어 있어 몸무게가 가벼웠다는 점이지요. 안항구에라 역시 마찬가지였습니다. 이 익룡은 날개폭 4~5미터에 몸무게는 25킬로그램 정도밖에 되지 않았습니다. 안항구에라는 위아래 주둥이에 뼈가 변형되어 생긴 볏이 달린 독특한 모양새였습니다. 그것은 바다 위를 날다가 물속에 주둥이를 집어넣어 물고기를 낚아챌 때 물의 저항을 줄여주는 역할을 했을 것으로 짐작되지요. 또한 주둥이와 두개골, 목의 길이가 몸통 길이보다 길었으며, 입 안에는 날카로운 이빨이 가지런히 돋아 있었습니다. 날개는 앞다리로 지지되어, 얼핏 앞발이 붙어 있는 모습으로 보였고요. 이름에 '옛날 악마' 라는 의미가 담겨 있는 안항구에라가 살았던 시기는 중생대 백악기 후기였습니다. 화석은 브라질에서 발견되었습니다.

분류 동물계 〉 익룡목 〉 프테로닥틸로이드류
살았던 시대 중생대 백악기 후기
먹이 물고기 등 육식
이름의 뜻 옛날 악마
크기 날개폭 4~5미터, 몸무게 25킬로그램 안팎

도리그나투스

Dorygnathus

도리그나투스는 날개폭 1미터의 별로 크지 않은 몸집을 가졌습니다. 그 중 머리 길이는 약 10센티미터로, 앞서 살펴본 안항구에라(Anhanguera) 같은 가분수 익룡과는 몸의 형태가 달랐지요. 따라서 자신의 날갯짓만으로도 하늘을 자유롭게 날아다니기 어렵지 않았을 것입니다. 이 익룡의 겉모습에서는 먼저 기다란 꼬리와 그 끝에 붙어 있는 수직 날개가 눈길을 끕니다. 아마도 그것은 비행을 하다가 방향을 바꾸는 데 도움을 주었을 것으로 짐작되지요. 또한 주둥이 앞쪽에는 날카롭고 기다란 이빨들이 나 있어 주요 먹잇감인 물고기를 잡는 데 편리 했습니다. 도리그나투스의 앞이빨들은 마치 물고기를 가둬두는 뾰족한 창살처럼 보일 정도였지요. 이름에 '창 턱'이라는 뜻이 담겨 있는데, 아마도 그와 같은 이미지가 영향을 끼쳤을 것으로 보입니다. 지구상에 도리그나투스가 살았던 시기는 중생대 쥐라기 전기였습니다. 화석은 독일에서 발견되었으며, 바닷가 절벽에 둥지를 틀고 살았을 것으로 추정됩니다.

- **분류**: 동물계 > 익룡목 > 람포린코이드류
- **살았던 시대**: 중생대 쥐라기 전기
- **크기**: 날개폭 1미터
- **이름의 뜻**: 창 턱
- **먹이**: 물고기 등 육식

캄필로그나토이데스 Campylognathoides

도리그나투스(Dorygnathus)와 비슷해 보이는 익룡입니다. 꼬리가 길고 수직 날개가 붙어 있는 모습도 닮았지요. 역시 비행 중 방향을 바꾸는 데 도움을 주는 역할을 했을 것으로 보입니다. 다만 캄필로그나토이데스는 날개폭 1미터의 도리그나투스에 비해 날개폭이 1.5~2미터로 컸습니다. 지구상에 나타났던 시기도 중생대 트라이아스기 후기~쥐라기 전기로 조금 빨랐지요. 그 밖에 캄필로그나토이데스는 주둥이 끝이 위쪽으로 약간 휘어진 특징이 있었습니다. 그것은 어느 면에서 하늘을 날며 수면으로 올라온 물고기를 낚아채기 편리한 구조였을 것으로 짐작되지요. 물론 여느 익룡들처럼 주둥이 안에 나 있던 날카로운 이빨들도 물고기를 사냥하는 데 적합한 구조였습니다. 한때 캄필로그나토이데스는 캄필로그나투스(Campylognathus)라고 불렸습니다. 그러나 이미 똑같은 학명의 곤충이 있어 지금과 같은 이름으로 바뀌었지요. 이 익룡의 이름에는 '휜 턱 모양'이라는 뜻이 담겨 있으며, 독일에서 화석이 발견되었습니다.

분류 동물계 〉 익룡목 〉 람포린코이드류
살았던 시대 중생대 트라이아스기 후기~쥐라기 전기
먹이 물고기 등 육식
이름의 뜻 휜 턱 모양
크기 날개폭 1.5~2미터

안키오리니스 헉슬리 Anchiorinis huxley

다리와 날개가 함께 발달했던 공룡입니다. 시조새(Archaeopteryx) 이전에 처음으로 비행을 시도했다고 알려져 있습니다. 하지만 그 솜씨가 뛰어나지는 못해 나무와 나무 사이를 이동하는 수준 정도였을 것으로 짐작됩니다. 다리와 기다란 꼬리에까지 깃털이 덮여 있었지만 말이지요. 어쩌면 안키오리니스 헉슬리의 경우, 날개가 단지 자신을 돋보이게 하거나 그와 반대로 위장용 역할에 그쳤을지 모릅니다. 지난 2010년 미국 예일대학교의 생물학자 리처드 프럼 박사가 중요한 연구 논문을 발표했습니다. 그것은 안키오리니스 헉슬리의 깃털 색깔에 관한 것이었는데, 진회색이나 검은색 몸통에 하얀 깃털을 가졌던 것으로 밝혀졌습니다. 또한 날개는 검은색이며 머리에는 붉은 기가 도는 갈색의 볏이 있었지요. 지구상에 안키오리니스 헉슬리가 살았던 시기는 중생대 쥐라기 후기였습니다. 화석은 중국에서 발견되었고, 이름에는 '새에 가까운 것'이라는 의미가 담겨 있습니다. 몸길이는 35~50센티미터였고, 몸무게는 110~160그램이었지요. 주요 먹잇감은 곤충이나 작은 도마뱀 등이었을 것으로 판단됩니다.

- **분류** 동물계 〉 용반목 〉 용반류
- **살았던시대** 중생대 쥐라기 후기
- **먹이** 곤충, 작은 도마뱀 등 육식
- **이름의뜻** 새에 가까운 것
- **크기** 몸길이 35~50센티미터, 몸무게 110~160그램

닉토사우루스

Nyctosaurus

이 익룡의 이름에는 '밤 도마뱀' 또는 '박쥐 도마뱀' 이라는 의미가 담겨 있습니다. 중생대 백악기 후기에 살았으며, 북아메리카 대륙에서 화석이 발견되었지요. 겉모습은 같은 시기에 번성했던 프테라노돈(Pteranodon)과 닮았지만 크기가 절반 정도에 불과했습니다. 닉토사우루스는 날개폭이 2~3미터가량 되었으나 몸길이는 약 40센티미터에 그쳤지요. 몸무게도 2킬로그램 남짓 되었을 뿐입니다. 닉토사우루스의 겉모습에서 가장 독특한 점은 머리 뒤쪽으로 뾰족하게 솟은 볏과 짧은 꼬리입니다. 특히 이 익룡의 볏은 50센티미터가 넘어 몸길이보다 길며 두개골 길이의 3배나 됐지요. 그것은 어느 지점에서 두 갈래로 갈라진 형태였는데, 수컷의 볏이 암컷의 볏보다 길었습니다. 그 볏의 기능에 대해서는 학자들 사이에 의견이 엇갈립니다. 일부에서는 하늘을 날 때 볏이 키 역할을 했거나 비행의 안정성을 높였을 것이라고 말하지만, 다른 쪽에서는 단순한 과시용 이었을 것이라고 주장하지요. 닉토사우루스의 또 다른 특징은 주둥이에 이빨이 없다는 점입니다. 아울러 날개에 있는 앞발가락이 퇴화되어 땅 위를 걸어 다니는 데는 어려움이 따랐을 것으로 짐작됩니다.

분류 동물계 〉 익룡목 〉 프테로닥틸로이드류
살았던 시대 중생대 백악기 후기
먹이 물고기 등 육식
이름의 뜻 밤 도마뱀 또는 박쥐 도마뱀
크기 날개폭 2~3미터, 몸무게 2킬로그램

디모르포돈

Dimorphodon

앞서 '진짜 두 가지 모양의 이빨' 유디모르포돈(Eudimorphodon)에 대해 살펴봤습니다. 이번에 설명할 디모르포돈은 이름에 '두 가지 모양의 이빨' 이라는 의미를 담고 있지요. 말 그대로 이 익룡은 주둥이 앞쪽에 날카롭게 솟은 큼지막한 이빨을 가졌고, 안쪽에는 그보다 훨씬 작은 이빨들이 줄지어 돋아 있었습니다. 디모르포돈의 겉모습에서 먼저 시선을 사로잡는 것은 크고 뭉툭한 주둥이입니다. 얼핏 오리 주둥이 처럼 보이기도 하는데, 몸통만큼이나 커다란 머리와 함께 디모르포돈의 대표적인 특징으로 손꼽힙니다. 이 익룡의 날개폭은 1미터 정도밖에 되지 않았고, 뼈로 구성된 꼬리는 길고 뻣뻣했지요. 그럼에도 가분수 같은 체형을 가진 디모르포돈이 하늘을 나는 데 큰 어려움은 없었을 것으로 짐작됩니다. 왜냐하면 두개골이 얇은 뼈들로 나뉘어 공간이 만들어진 덕분에 무게가 많이 나가지 않았기 때문이지요. 이 익룡이 지구 상에 살았던 시기는 중생대 쥐라기 전기였고, 화석은 영국에서 발견되었습니다. 주요 먹잇감은 물고기와 곤충 등이었을 것으로 추정됩니다.

- **분류** 동물계 〉 익룡목 〉 람포린코이드류
- **살았던 시대** 중생대 쥐라기 전기
- **크기** 날개폭 1미터
- **이름의 뜻** 두 가지 모양의 이빨
- **먹이** 물고기, 곤충 등 육식

소르데스

Sordes

일부 익룡에게는 털이 있었습니다. 그 증거를 보여주는 것이 소르데스지요. 지난 1960년 카자흐스탄에서 상태가 잘 보존된 익룡의 화석이 발견되어 공룡 연구자들을 들뜨게 했습니다. 왜냐하면 5밀리미터 길이의 털이 함께 나왔기 때문이지요. 그것은 익룡에게도 털이 있었다는 사실을 처음 밝혀주는 증거였습니다. 동물에게 털이 있다는 것은 계절에 상관없이 일정하게 체온을 유지하는 항온동물일 가능성을 의미하지요. 이 익룡에게는 '털이 난 악마' 라는 뜻을 담아 소르데스라는 이름이 붙여졌습니다. 소르데스는 중생대 쥐라기 후기에 서식했습니다. 날개폭이 50~60센티미터에 불과한 작은 익룡이었지요. 아마도 몸 전체에 털이 뒤덮였을 것으로 추정되며, 화석에서 나온 털의 형태가 구부러져 있어 뻣뻣하지는 않았을 것으로 보입니다. 그 밖에 소르데스는 8센티미터 정도 되는 적당한 크기의 머리를 가졌으며, 기다란 꼬리를 가진 특징이 있었습니다. 아울러 주둥이 끝이 뽀족했는데, 그 안에는 날카롭지만 그다지 강하지 않은 이빨들이 돋아 있었지요. 따라서 주요 먹잇 감은 작은 곤충이나 양서류 등이었을 것으로 보입니다.

분류 동물계 > 익룡목 > 람포린코이드류
살았던 시대 중생대 쥐라기 후기
크기 날개폭 50~60센티미터
이름의 뜻 털이 난 악마
먹이 곤충, 양서류 등 육식

케찰코아틀루스 — Quetzalcoatlus

현재까지 알려진 익룡 중 가장 큰 것이 케찰코아틀루스입니다. 날개폭이 무려 11~13미터에 달했지요. 뼈가 비어 있어 몸무게는 상대적으로 적었지만, 그래도 익룡 치고는 무거워 80~90킬로그램쯤 되었습니다. 그렇게 커다란 익룡이 날개를 활짝 펴고 하늘을 날았던 것을 상상해 보면 마치 행글라이더처럼 보였을지 모릅니다. 하지만 케찰코아틀루스의 날개 막은 아주 얇아 두께가 1밀리미터에 불과했습니다. 게다가 한번 찢어지면 재생이 안 돼 다시는 비행을 할 수 없었지요. 하늘을 날지 못하는 익룡은 다른 포식자의 먹이가 되는 것이 운명이었습니다. 케찰코아틀루스는 주로 바닷가에서 생활했던 다른 익룡들과 달리 육지에서 살았던 것으로 알려져 있습니다. 몸 전체에 잔털이 나 있어 온도에 상관없이 체온을 유지하는 것이 가능했지요. 또한 커다란 몸집에 어울리지 않게 주둥이에 이빨이 없었습니다. 턱 근육도 발달되지 않아 육지의 늪지대에서 잡은 물고기 등을 통째로 삼킬 수밖에 없었지요. 학자들에 따라서는 다른 동물의 사체를 먹고 살았을 것이라는 주장을 펼치기도 합니다. 이름에 '날개를 가진 뱀'이라는 뜻을 담고 있는 케찰코아틀루스는 중생대 백악기 후기에 서식했습니다. 화석은 북아메리카 에서 발견되었습니다.

- **분류** 동물계 〉 익룡목 〉 프테로닥틸로이드류
- **살았던 시대** 중생대 백악기 후기
- **먹이** 물고기, 동물의 사체 등 육식
- **이름의 뜻** 날개를 가진 뱀
- **크기** 날개폭 11~13미터, 몸무게 80~90킬로그램

프테로다우스트로 Pterodaustro

프테로다우스트로는 중생대 백악기 전기에 서식했습니다. '남쪽의 날개'라는 뜻이 이름에 담겨 있으며, 화석은 남아메리카에서 발견되었지요. 날개폭은 2~3미터였고, 몸무게는 3~4킬로그램 정도 되었습니다. 이 익룡의 겉모습에서 가장 주목할 부분은 주둥이입니다. 우선 그 모양새가 위쪽으로 휘어진 형태라 독특하지요. 그런데 그보다 더 자세히 살펴봐야 할 것은 이빨입니다. 특히 주둥이 아래쪽에는 빗살 모양의 이빨이 1천여 개쯤 빽빽이 나 있지요. 이것은 억센 수염처럼 보이기도 하는데, 먹잇감을 잡아 생존하는 데 매우 중요한 역할을 했습니다. 프테로다우스트로는 오늘날의 수염고래처럼 주둥이를 벌린 채 수면을 훑고 지나가면서 각종 물고기와 플랑크톤, 갑각류 등을 포획했지요. 일단 이 익룡의 입 안에 들어온 바다생물은 빗살 같은 촘촘한 이빨에 갇혀 빠져나갈 수가 없었습니다. 그 다음에는 주둥이 위쪽의 작고 뭉툭한 이빨로 먹잇감을 씹어 삼켰지요. 한편 프테로다우스트로는 '홍학 익룡'으로 불리기도 합니다. 목이 긴데다, 여러 가지 연구 결과로 미루어 몸이 분홍빛을 띠었을 가능성이 높다고 보기 때문입니다.

분류	동물계 〉 익룡목 〉 프테로닥틸로이드류
살았던시대	중생대 백악기 전기
먹이	물고기, 플랑크톤, 갑각류 등 육식
이름의뜻	남쪽의 날개
크기	날개폭 2~3미터, 몸무게 3-4킬로그램

람포린쿠스 — Rhamphorhynchus

지구상에 중생대 쥐라기 후기에 살았던 익룡입니다. 화석은 유럽과 아프리카 대륙에서 발견되었지요. 이름에는 '부리 주둥이' 라는 의미가 담겨 있습니다. 길쭉한 주둥이에 날카로운 이빨이 돋아 있어 한번 잡힌 물고기가 도망가기 어려웠지요. 아울러 화석을 연구한 결과 사냥한 물고기를 보관할 수 있는 목주머니도 관찰되었습니다. 많은 익룡들이 그렇듯 람포린쿠스 역시 주로 바닷가 절벽에 둥지를 틀고 살았습니다. 비어 있는 뼈 때문에 가벼운 몸으로 수면 위를 날다가 먹잇감이 눈에 띄면 재빨리 낚아챘지요. 비행을 할 때는 몸길이의 2배에 이르는 꼬리가 균형을 잡게 하고 방향타 역할을 했습니다. 꼬리 끝에 수직으로 난 날개가 도움이 되었지요. 람포린쿠스의 날개폭은 1미터 안팎이었을 것으로 짐작됩니다. 일부에서는 몸에 털이 덮여 있었을 것이라는 주장도 하는데, 소르데스(Sordes)의 화석이 발견된 이후 더욱 힘을 얻고 있습니다.

- **분류** 동물계 〉 익룡목 〉 람포린코이드류
- **살았던 시대** 중생대 쥐라기 후기
- **크기** 날개폭 1미터 안팎
- **이름의 뜻** 부리 주둥이
- **먹이** 물고기 등 육식

게르마노닥틸루스 — Germanodactylus

중생대 쥐라기 후기에 서식했던 익룡입니다. 이름에 '독일의 손가락'이라는 의미가 담겨 있습니다. 화석은 유럽 대륙의 독일과 프랑스에서 발견되었지요. 바닷가나 호수 근처에 살며 물고기를 잡아먹었습니다. 게르마노닥틸루스는 날개폭 1.5미터, 몸무게 1.2킬로그램 정도 되는 중간 크기의 익룡입니다. 기다란 주둥이에 날카로운 이빨이 나 있어 비늘이 미끌미끌한 물고기를 사냥하는 데 편리했지요. 또한 꼬리가 짧고, 주둥이 중간부터 머리까지 볏이 돋아 있었습니다. 특히 볏은 게르마노닥틸루스를 대표하는 특징이라고 할 수 있는데, 대체로 높이가 낮아 마치 닭볏처럼 보이기도 했습니다. 그럼 게르마노닥틸루스의 볏은 어떤 역할을 했을까요? 학자들에 따라 몇 가지 이견이 있지만, 일반적으로는 그것이 물을 가르는 데 쓰였을 것으로 짐작됩니다. 즉 물고기를 잡기 위해 물속으로 머리를 집어넣은 채 날면, 볏이 먼저 물을 갈라 머리에 가해지는 저항을 줄였던 것이지요.

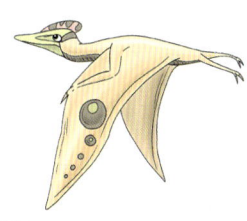

분류 동물계 > 익룡목 > 프테로닥틸로이드류
살았던 시대 중생대 쥐라기 후기
먹이 물고기 등 육식
이름의 뜻 독일의 손가락
크기 날개폭 1.5미터, 몸무게 1.2킬로그램 안팎

탈라소드로메우스   Thalassodromeus

지난 2002년 브라질에서 새로운 익룡의 화석이 발견되었습니다. 학자들은 이 익룡을 '바다를 달리는 자' 라는 의미를 담아 탈라소드로메우스로 불렀지요. 탈라소드로메우스는 지구상에 중생대 백악기 전기에 서식했습니다. 브라질을 중심으로 남아메리카 대륙에서 살았을 것으로 추정되며, 물고기와 두족류 등을 먹잇감으로 삼았지요. 이 익룡의 날개폭은 4.5~5미터 정도였습니다. 몸무게는 15킬로그램 안팎이었고요. 그런데 탈라소드로메우스의 가장 큰 특징이라면 뭐니 뭐니 해도 커다란 볏입니다. 이 익룡은 주둥이에서 머리 뒤쪽까지 1미터가 훌쩍 넘는 길이의 볏을 가졌지요. 그것의 기능으로는 방향타 역할, 체온 조절 역할, 단순 과시용, 이성 유혹의 도구 등 다양한 의견이 있지만 아직 정확한 사실로 밝혀진 것은 없습니다. 그 밖에 탈라소드로메우스의 특징으로는 주둥이의 끝이 뾰족하고 날카롭다는 점을 들 수 있습니다. 또한 몸에는 털이 덮여 있었을 것으로 짐작됩니다.

분류 동물계 〉 익룡목 〉 프테로닥틸로이드류   **살았던 시대** 중생대 백악기 전기   **먹이** 물고기, 두족류 등 육식
이름의 뜻 바다를 달리는 자   **크기** 날개폭 4.5~5미터, 몸무게 15킬로그램 안팎

트로페오그나투스 — Tropeognathus

중생대 백악기 전기에 살았던 익룡입니다. 화석은 남아메리카 대륙에서 발견되었고, '방향타 턱' 이라는 의미를 담아 이름이 붙여졌지요. 날개폭이 6미터가량 되었으며, 꼬리는 짧았습니다. 여느 익룡들처럼 몸집에 비해 무게가 가벼워 자유롭게 하늘을 날아다녔지요. 트로페오그나투스는 주둥이 끝에 위아래로 볼록하게 솟은 볏이 있었습니다. 그리고 주둥이 안에는 서로 맞물리도록 날카로운 이빨이 나 있어 물고기를 잡는 데 적합했지요. 주둥이 위아래의 볏의 기능에 대해서는 물고기를 사냥할 때 방향키 역할을 했다는 주장과 짝짓기 때 이용되었을 것이라는 주장 등이 있습니다. 만약 짝짓기 때 이성을 유혹하는 도구로 쓰였다면 수컷이 암컷보다 더욱 발달된 주둥이 볏을 가졌을 것으로 짐작됩니다. 또한 트로페오그나투스는 뒷다리가 튼튼해 나뭇가지나 절벽에 잘 매달렸을 것으로 추정됩니다. 그런 재주는 땅 위의 포식자를 피하는 데 도움이 되었을 것입니다.

- **분류** 동물계 〉 익룡목 〉 프테로닥틸로이드류
- **살았던 시대** 중생대 백악기 전기
- **크기** 날개폭 6미터
- **이름의 뜻** 방향타 턱
- **먹이** 물고기 등 육식

이크티오르니스

Ichthyornis

이크티오르니스는 익룡 가운데 오늘날의 조류와 매우 유사한 모습을 갖고 있었습니다. 우선 머리와 주둥이가 조금 컸지만 전체적인 크기가 갈매기와 비슷했지요. 아울러 온몸에 깃털이 덮여 있었고, 여느 익룡들에게서 보였던 날개의 앞발가락이 보이지 않았습니다. 발가락의 생김 새도 조류와 닮았는데, 이크티오르니스는 발에 물갈퀴가 있어 수면 위에 둥둥 떠 헤엄을 치고 다녔을 것으로 짐작됩니다. 이 익룡이 오늘날의 조류와 유사했던 점은 그뿐 아닙니다. 조류처럼 가슴뼈가 발달해 힘차게 하늘을 날 수 있었지요. 날개뼈도 튼튼해 더욱 속력을 내는 것이 가능했습니다. 하지만 분명 이크티오르니스가 조류와 다른 점도 있었습니다. 그 중 하나는 주둥이에 날카로운 이빨이 돋아 있었다는 점이지요. 또 다른 차이점은 척추뼈가 조류보다 파충류에 가까웠다는 사실입니다. 이름에 '물고기 새' 라는 의미가 담긴 이크티오르니스가 살았던 때는 중생대 백악기 후기였습니다. 화석은 북아메리카 대륙에서 발견되었지요. 날개폭은 40~50센티미터였으며, 몸길이는 20센티미터 정도밖에 되지 않았습니다.

- **분류** 동물계 〉 원시조류
- **살았던 시대** 중생대 백악기 후기
- **크기** 날개폭 40~50센티미터
- **이름의 뜻** 물고기 새
- **먹이** 물고기 등 육식

타페자라   Tapejara

타페자라는 여느 익룡들과 구별되는 몇 가지 두드러진 특징을 가졌습니다. 첫째, 이 익룡은 위쪽 주둥이와 머리에 뿔 같은 것이 솟아 있었습니다. 그 역할이 무엇이었는지는 정확히 밝혀지지 않았으나, 타페자라가 익룡들 가운데 가장 특이하게 생겼다는 평가를 받는 중요한 이유가 되었습니다. 하지만 1미터에 육박하는 그와 같은 커다란 돌출 부위 탓에 빠르게 하늘을 나는 데는 어려움이 따랐을 것입니다. 둘째, 이 익룡은 주둥이에 이빨이 없었습니다. 지금까지 타페자라는 익룡 가운데 주둥이에 이빨이 없는 가장 오래된 종으로 알려져 있습니다. 셋째, 이 익룡은 아래쪽 주둥이 끝부분이 밑으로 향해 있었습니다. 아마도 그와 같은 구조는 이빨이 없는 타페자라가 물고기를 잡을 때 도움이 되었을 것으로 짐작됩니다. 타페자라가 지구상에 살았던 시기는 중생대 백악기 전기였습니다. 화석은 남아메리카 대륙에서 발견되었으며, 이름에는 '오래된 존재'라는 의미가 담겨 있지요. 날개폭은 5미터에 달했고, 몸무게는 50킬로그램 안팎이었을 것으로 추정됩니다.

- **분류** 동물계 〉 익룡목 〉 프테로닥틸로이드류
- **살았던시대** 중생대 백악기 전기
- **먹이** 물고기 등 육식
- **이름의 뜻** 오래된 존재
- **크기** 날개폭 5미터, 몸무게 50킬로그램 안팎

시조새

Archaeopteryx

시조새는 조류의 선조로 조상새라고도 합니다. 독일에서 화석이 발견되었는데, 파충류에서 조류로 진화하는 여러 특징들을 보여주었지요. 우선 시조새는 뼈대가 파충류와 같고 주둥이에는 이빨이 돋아 있었습니다. 하지만 조류처럼 깃털이 발달된 날개를 갖고 있기도 했지요. 날개에 발가락이 달려 있는 점은 조류와 달랐지만 말입니다. 다시 말해 시조새는 파충류와 조류의 특징을 동시에 갖춘 특이한 생명체였습니다. 또한 시조새는 깃털이 있어 체온 유지가 가능했습니다. 즉 파충류 같은 변온동물이 아니라 조류 같은 온혈동물이었다는 것이지요. 그 밖에 시조새의 겉모습에는 몇 가지 눈에 띄는 점이 있었습니다. 머리가 작고 눈이 컸으며, 20개의 꼬리뼈로 구성된 꼬리에는 깃털이 붙어 있었지요. 아울러 시조새는 조류보다 가슴뼈가 덜 발달되어 날개를 움직이는 근육의 힘이 강하지는 못했습니다. 이름에 '먼 옛날의 날개'라는 의미를 갖고 있는 시조새가 지구상에 살았던 때는 중생대 쥐라기 후기였습니다. 날개폭은 70~80센티미터였으며, 주로 곤충이나 벌레 등을 잡아 먹으며 생활했지요. 그런데 얼마 전부터 시조새에 대한 연구자들의 의견이 엇갈리고 있습니다. 시조새보다 먼저 서식했던 익룡들의 화석에서도 깃털 등의 특징이 발견되어 조류의 선조라는 평가에 의문이 따르는 것이지요.

- **분류**: 동물계 〉 원시조류
- **살았던 시대**: 중생대 쥐라기 후기
- **크기**: 날개폭 70~80센티미터
- **이름의 뜻**: 먼 옛날의 날개
- **먹이**: 곤충, 벌레, 물고기 등 육식

아누로그나투스

Anurognathus

몸집이 크지 않았던 익룡입니다. 날개폭은 40~50센티미터 정도였으나, 몸길이는 채 10센티미터가 되지 않아 몸무게가 무척 가벼웠지요. 따라서 빠르게 하늘을 날아다니며 작은 곤충을 사냥할 수 있었을 것으로 보입니다. 아누로그나투스는 중생대 쥐라기 후기에 서식했고, 화석은 독일과 영국 등 유럽 대륙에서 발견되었습니다. 이름에는 '꼬리 없는 턱'이라는 의미가 담겨 있지요. 여러 연구 결과에 따르면, 아누로그나투스는 주로 덩치가 큰 용각류 주변에서 생활했던 것으로 추정됩니다. 왜냐하면 용각류의 배설물이 곤충이나 벌레를 유인해 먹잇감을 구하기 쉬웠기 때문이지요. 어쩌면 커다란 용각류 몸에 아예 자리를 잡고 살아가면서 그곳에 기생하는 벌레들을 잡아먹거나 각질을 쪼아 먹었을 가능성도 있습니다. 다시 말해 용각류의 거대한 몸이 아누로그나투스에게 먹이를 제공하는 장소이자 보금자리였던 셈이지요. 아누로그나투스의 주둥이에는 여느 익룡들처럼 작은 이빨이 나 있었습니다. 그리고 이름에서 알 수 있듯 꼬리 길이가 짧았고, 두개골의 형태도 뭉툭한 편이었습니다.

- **분류** 동물계 〉 익룡목 〉 람포린코이드류
- **살았던 시대** 중생대 쥐라기 후기
- **크기** 날개폭 40~50센티미터
- **이름의 뜻** 꼬리 없는 턱
- **먹이** 곤충, 벌레 등 육식

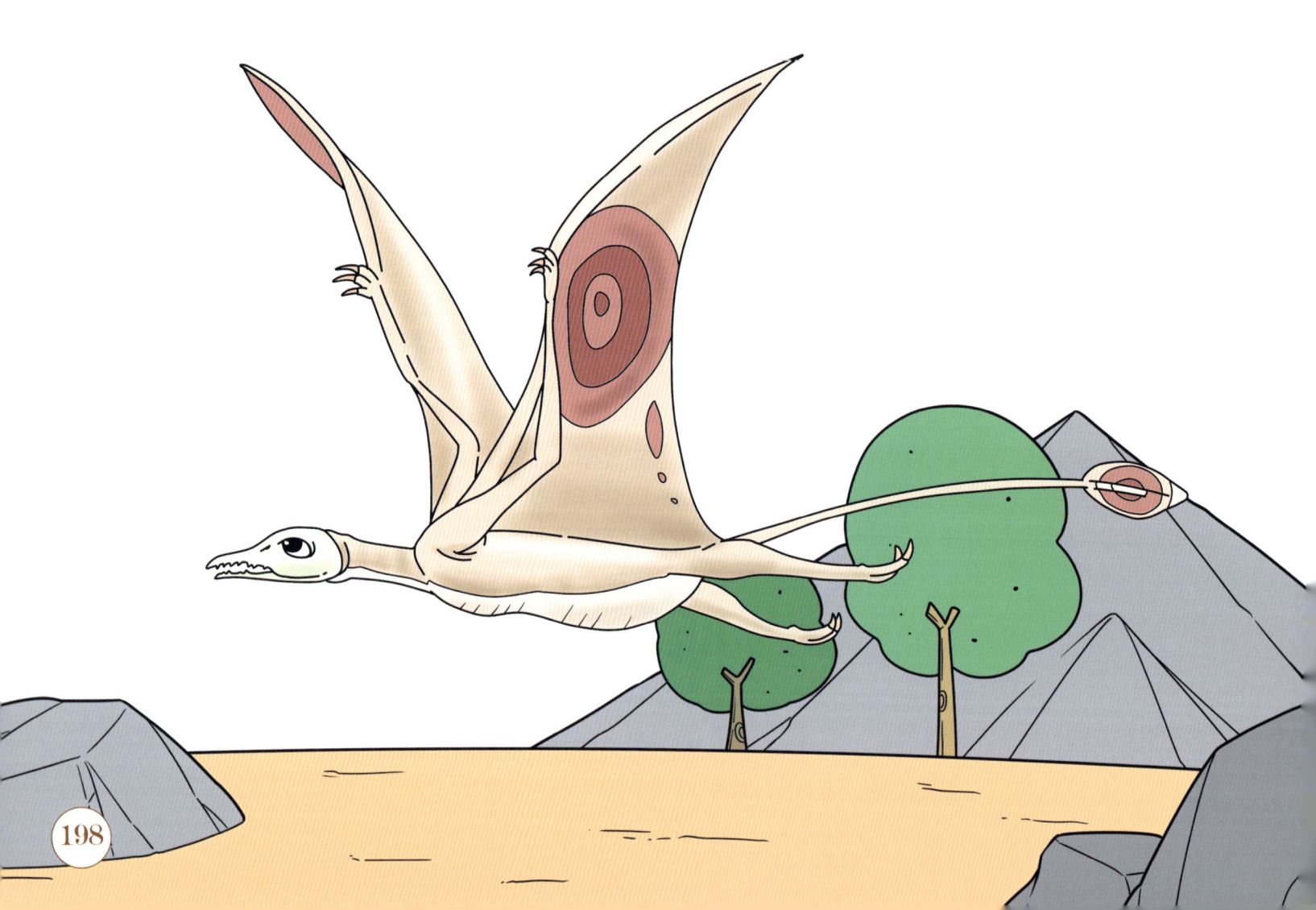

에우디모르포돈 Eudimorphodon

초기 익룡 중 하나입니다. 중생대 트라이아스기 후기에 서식했으며, 화석은 유럽 대륙에서 발견되었지요. 이름에는 '진짜 다른 두 가지 모양의 이빨'이라는 의미가 담겨 있습니다. 에우디모르포돈은 이름에 걸맞게 앞니는 원뿔 모양으로 날카로웠으며 어금니는 돌기, 그러니까 교두가 발달했지요. 그와 같은 구조는 곤충과 물고기 따위를 잡아먹는 데 적합했습니다. 왜냐하면 포획된 먹잇감이 빠져나가려고 몸부림칠 때 움켜잡기 편리했기 때문입니다. 에우디모르포돈은 날개폭이 90센티미터~1미터 정도였습니다. 몸무게는 600그램 안팎이었을 것으로 추정되지요. 꼬리가 몸길이의 절반에 이를 만큼 길었고, 그 끝에는 뭉툭하게 생긴 돌기가 있었습니다. 아마도 돌기의 기능은 비행 중에 방향을 잡는 역할을 했을 것으로 짐작됩니다. 또한 목은 짧고 날개에 3개의 발가락이 있었습니다. 한동안 많은 공룡 연구자들은 익룡들이 그저 상승기류를 타고 단순히 활공을 했을 뿐이라고 여겼습니다. 그런데 에우디모르포돈은 어깨의 뼈와 근육이 발달해 힘차게 날개를 퍼덕이며 날아다니는 행동이 자연스러웠을 것으로 보입니다.

분류 동물계 > 익룡목 > 람포린코이드류
살았던 시대 중생대 트라이아스기 후기
먹이 곤충, 물고기 등 육식
이름의 뜻 진짜 다른 두 가지 모양의 이빨
크기 날개폭 90센티미터~1미터, 몸무게 600그램 안팎

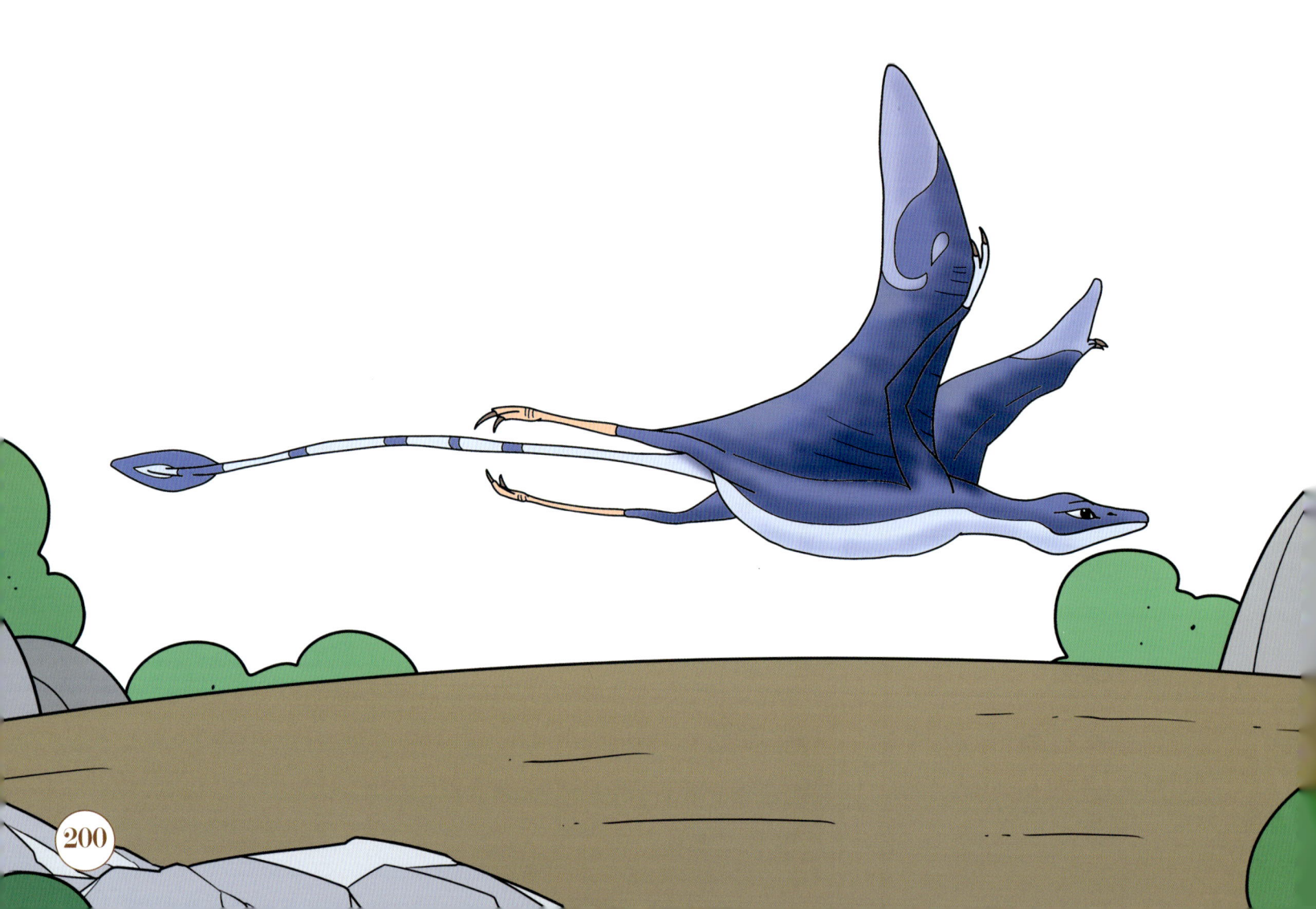

프테로닥틸루스

Pterodactylus

유럽의 독일, 영국과 아프리카의 탄자니아에서 많은 화석이 발견된 익룡입니다. 비둘기만한 새끼부터 날개폭이 2.5미터에 이르는 어미까지 개체의 크기도 다양했지요. 어미의 경우는 몸무게가 2킬로그램쯤 되었을 것으로 짐작됩니다. 중생대 쥐라기 후기에 서식했던 이 익룡의 이름에는 '발가락을 가진 날개'라는 의미가 담겨 있습니다. 프테로닥틸루스는 목과 주둥이가 기다란 특징이 있었습니다. 주둥이 안에는 20개의 이빨이 위아래로 나 있어 물고기를 잡아먹기 편리했지요. 꼬리는 비행에 이용될 수 없을 만큼 짧았으며, 날개에는 3개의 발가락이 붙어 있었습니다. 아울러 두개골의 무게가 가벼워 하늘을 나는 데 도움이 되었지요. 이 익룡은 수면 위를 날다가 먹잇감을 발견하면 쏜살같이 하강해 낚아챘습니다. 그리고는 목주머니에 잡은 물고기를 저장했지요. 그 덕분에 한 번 둥지를 떠나 여러 마리의 물고기를 포획해 돌아가는 것이 가능했습니다.

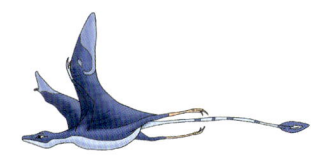

분류 동물계 〉 익룡목 〉 프테로닥틸로이드류	**살았던 시대** 중생대 쥐라기 후기	**먹이** 물고기 등 육식
이름의 뜻 발가락을 가진 날개	**크기** 날개폭 2.5미터, 몸무게 2킬로그램 안팎	

프레온닥틸루스   Preondactylus

중생대 트라이아스기 후기에 꼬리 길이를 빼면 겨우 비둘기만한 몸집의 익룡이 살았습니다. 바로 프레온닥틸루스였지요. 이 익룡은 날개폭 45센티미터, 몸무게 300그램에 불과해 수면 위를 날다가 이따금 포식 물고기에게 잡아먹히는 일이 벌어지기도 했습니다. 물론 작은 물고기는 프레온닥틸루스의 주요 먹잇감이었지만 말이지요. 이 익룡의 또 다른 먹이는 곤충이었습니다. 프레온닥틸루스의 첫 화석은 1978년 이탈리아 프레온 지방에서 발견되었습니다. 그런 까닭에 '프레온의 손가락'이라는 의미를 담아 이름이 지어졌지요. 화석이 발굴된 지역명과 작은 몸집의 특징을 살려 이름을 붙였던 것입니다. 프레온닥틸루스는 흔히 람포린코이드류의 익룡들이 그렇듯 기다란 꼬리를 가졌습니다. 또한 주둥이에는 크기가 일정치 않은 날카로운 이빨들이 나 있어 물고기를 잡는 데 도움이 되었지요. 이 익룡은 몸집에 비해 뇌가 발달된 것으로도 잘 알려져 있습니다. 게다가 시력까지 좋았을 것으로 짐작되므로, 비록 몸집은 작았지만 사냥 솜씨가 꽤 뛰어났을 것입니다.

- **분류**: 동물계 〉 익룡목 〉 람포린코이드류
- **살았던 시대**: 중생대 트라이아스기 후기
- **먹이**: 물고기, 곤충 등 육식
- **이름의 뜻**: 프레온의 손가락
- **크기**: 날개폭 45센티미터, 몸무게 300그램

중가립테루스

Dsungaripterus

중생대 백악기 전기에 서식했던 익룡입니다. 중국에서 화석이 발견되었으며, 이름에 '중가립의 날개' 라는 의미가 담겨 있지요. 날개폭이 11미터에 이를 만큼 비교적 큰 익룡이었습니다. 하지만 뼈가 비어 몸무게는 10킬로그램 남짓 되었을 것으로 짐작되지요. 중가립테루스의 겉모습에서 먼저 눈길을 끄는 것은 독특한 모습의 주둥이입니다. 그 끝이 위로 약간 휘어진 모양인데, 아마도 비행을 하면서 물고기를 잡는 데 도움이 되었을 것입니다. 더구나 주둥이 안의 이빨이 뭉툭한 형태라 조개 같은 패각류도 쉽게 부숴 먹었을 것으로 판단됩니다. 또한 중가립테루스는 주둥이 위에서 뒤통수 쪽으로 볏이 발달된 특징이 있었습니다. 그것의 기능에 대해서는 단순히 장식용이었다는 주장부터 하늘을 날 때 방향타 역할을 했을 것이라는 주장까지 다양한 의견이 있습니다. 심지어 일부에서는 패각류의 속살을 끄집어내는 데 이용했을 것이라는 주장을 펼치기도 합니다.

분류 동물계 〉 익룡목 〉 프테로닥틸로이드류
살았던 시대 중생대 백악기 전기
먹이 물고기, 조개 등 육식
이름의 뜻 중가립의 날개
크기 날개폭 11미터, 몸무게 10킬로그램